Irene Pietsch

Neupfundland

Mandamos

Umschlag: Irene Pietsch
Illustration: Irene Pietsch

Verlag
Mandamos Verlag UG(haftungsbeschränkt)
Alte Rabenstraße 6, 20148 Hamburg

ISBN
Paperback 978-3-949251-13-9
Hardcover 978-3-949251-14-6
e-Book 978-3-949251-15-3

Webster's New World Dictionary,

David B. Guralnik, *Editor in Chief*

William Collins + World Publishing Co. Inc.

Second College Edition 1976

Printed in the United States of America

Cassell's

German & English Dictionary

Based on the Editions by Karl Breul, completed revised and re-edited by

Harold T. Betteridge

M.A, (Birmingham); Ph.D. (London)

With a foreword by

Gerhard Cordes, Dr. phil.

Professor of Niederdeutsche Sprache und Literatur in the University of Kiel

Cassell & Co. Ltd.

35, Red Lion Square, London, W.C. 1

and at

Melbourne, Sydney, Toronto, Johannesburg, Cape Town, Auckland

Cassell & Company ltd, 1966

Made and printed in Great Britain by William Clowes and Sons, Limited, London and Beccles

666

Der *Webster's* ist unerlässlich, um die anglo-amerikanischen, spanischen und portugiesischen Welten zu verstehen, die sich aus den Weltreichen in Europa entwickelten. Der *Cassell's* wird in diesem Buch mit einer *nordischen Kombination* im Sinne der *Wikinger* verglichen. Der *Cassell's* ist notwendig, um den Atlantik und Pazifik im historischen Sinn zu verstehen und den Platz des Türken – oder Mongolen – *Tamburlaine* und seiner Nachkommen in der

Weltgeschichte und für die Weltgeschichte der Religionen, Rechtssysteme und Philosophien einordnen zu können.

The World's Classics

478

The Plays of Christopher Marlowe

Oxford University Press, Ely House, London W. I

Glasgow New York Toronto Melbourne Wellington Cape Town Salisbury Ibadan Nairobi Lusaka Adis Ababa Bombay Calcutta Madras Karachi Lahore Dacca Kuala Lumpur Hong Kong

The Plays were first published in the World's New Classics *in 1939 and reprinted in 1946, 1950, 1954, 1959, 1961, 1963, 1864 and 1966.*

Printed in Great Britain

Tamburlaine

The Great.

Who, from a Skythian Shephearde,
By his rare and wonderfull Con-
quests,
Became a most puissant and
mighty Monarque
And (for his tyranny, and ter-
rour in Warre) was tearmed,

The Scourge of God

. . .

Now first and newly published.
London
Printed by Richard Ibones at the
signs of the Rose and Crowne
neere Holborne Bridge 1 5 9 0

C*hristopher* Marlowe – wir nehmen an, dass er es war und kein *ghostwriter* der Geschichte - macht aus seinem *Tamburlaine* eine Art *Quecksilber*. Er wird symbolhaft für Kriege und Zerstörungen, reicht sein Fieber der Gier nach immer mehr wie *Prometheus* das Feuer an die Menschheit weiter und geht selber daran zugrunde. *Tamburlaine* ist nicht nur Symbol, er ist Symptom. *Marlowe* hätte auch über *Dschinghis Khan*, *Taras Bulba* oder *Heinrich VIII* schreiben können, den prunksüchtigen Engländer, der seine Frauen wie ein Schwerkrimineller ins Abseits und Jenseits befördern ließ. Fairerweise muss man sagen, dass *Heinrich VIII* - grammatikalisch und phonetisch im Dativ - nie das Prädikat „der Große“ verliehen wurde, wie *Marlowe* es mit seinem Drama *Tamburlaine the Great* - im Dativ gedacht - dem *skythischen* Schäfer anheftet.Echt *Lambswool*, am besten aus den *Highlands*. *Pringle* als

Twinset oder *Burlington Socken* mit der *Raute*.
Der Mongole *Dschingis Khan* wiederum, der nie verdächtigt wurde, Türke oder Skythe zu sein, muss eine hervorragende PR-Abteilung gehabt haben. Seinen Taten entsprechend hätte er nicht der Anführer einer goldenen, sondern einer eisernen Horde sein müssen, die sich nicht durch goldene Fingerhüte oder goldene Helme auszeichnete wie der kultige Mann, den *Rembrandt van Rijn* malte, sondern

durch Querfeldein Reiterei. *Attila - Etzel* -, dem der *Webster's* eine gotische Namensherkunft bescheinigt, die so viel wie *kleiner Gott* heißen soll und der, so der *Cassell's*, schon im 4. Jahrhundert n.Chr. 20 Jahre *Hunnen*könig gewesen war, wurde in einem US - amerikanischen Film aus der Traumfabrik Hollywood *die Geißel Gottes* genannt. Der *DuMont Atlas der Weltgeschichte* von *Jeremy Black*, ein *Dorly Kindersley* Buch mit dänischer Website

(Deutsche Ausgabe aus dem Jahr 2000), sagt, warum die *Hunnen* mehr zum Synonym für Eroberungsexzesse geworden sind als *Tamburlaine*. Die Kurzbeschreibung ist:

Zitatanfang:

Volk Osteuropa / Mitteleuropa…siehe auch *Xiongnu*, *Huna*, *Hephtaliten*.

Huna führt zu einem Eintrag *Hara-Hun*.

Chinesisch *Xiongnu* ist identisch mit *Huna* und *Hsiung-nu*. Das *Deutsche Hunnenvolk* (geschrieben wie gelesen) soll nach dem vorliegenden *Atlas der Weltgeschichte a.a.O.* ein Volk aus Südasien gewesen sein. Die Frage ist, ob die Amerikaner das berücksichtigt haben, als sie den Hunnenfilm drehten. Die Wahrscheinlichkeit ist hoch, dass sie das taten, zumindest haben sie *Attila* insofern halbwegs richtig dargestellt, als *Rom* durch die Macht des christlichen Glaubens in Gestalt des Papstes vor *Attila* gerettet worden sein soll. Ob das nur durch die Macht der Gebete ohne Einsatz von Gold und Silber zustande kam, mag gemutmaßt werden, könnte aber vom *Vatikan* schlüssig beantwortet werden. Nach dem *Atlas der Weltgeschichte a.a.O.* hat *Attila* ungefähr von 400-453 n. Chr. gelebt und nur 10 Jahre als Alleinherrscher gewütet. Ostrom - Byzanz - soll sehr gelitten haben, Westrom wegen der Freundschaft zu dem Römer *Aetius*, der *Heermeister* gewesen sein soll, wurde von Tributen verschont, was ihn ermutigte 451 n.Chr. nach *Gallien* zu ziehen, wo er von einer Armee aus Westgoten und Römern geschlagen wurde. Im *Cassell's*, der nordischen Kombination, ist ein *Heermeister* nicht aufgeführt, wohl aber ein *Heerführer*, dessen Bezeichnung *commander - in - chief* ist, was zur Erfassung der Sachlage, wie im *Atlas der Weltgeschichte a.a.O* beschrieben, schwer zu akzeptieren ist, da der Oberbefehlshaber der Römer der

Kaiser war. Alle Offiziere darunter waren Regimentsfürsten. Das würde den Erklärungen zu *commander* im *Webster's* entsprechen, wonach ein *commander* ein *Chief Officer* ist und ein *commandant in charge of a fort* sein kann.

Command als Verb ist zunächst einmal der Auftrag für eine bestimmte Mission. An diesen letzten Hinweis anschließend, kann es sein, dass der Name *Aetius* - von wem auch immer - mit Absicht gewählt worden ist und an den Sinn und Zweck der Information im *Atlas der Weltgeschichte a.a.O.* und die Mission des Römers näher heranführt. Es wird richtigerweise auf *etiology* verwiesen, das sich aus dem Griechischen *aitia* und *logia* zusammensetzt und unter anderem eine Wissenschaft bedeutet, die Sachen auf den Grund geht. Man könnte bei Rechercheteams oder bestimmten staatlichen Organen von Etiologen oder etiologischen Einsätzen sprechen. Die Frage bleibt, was

Jeremy Black, der Herausgeber vom *Atlas der Weltgeschichte a.a.O.*, mit dem Hinweis auf den Römer *Aetius* bezwecken wollte.

Sieht man sich die Karte mit den Eroberungen der *Hunnen* an – *Deutsche Hunnen* sind dort nicht gesondert aufgeführt - so ist der Weg als nomadisches Reitervolk aus der Steppe Zentralasiens beinahe identisch mit dem Weg *Tamburlaines*. Nach dem *Atlas der Weltgeschichte a.a.O.* sollen die *Hunnen* mit den *Hephtaliten* verwandt gewesen sein, die in das *südostasiatische Indien* einfielen. Es könnten diejenigen gewesen sein, die

als *Deutsche Hunnen* firmierten. Großbritannien, dessen Hauptstadt auf der Karte als *Londinium* bezeichnet wird, wurde ebenfalls nicht von den *Hunnen* verschont, was *Christopher Marlowe* inspiriert haben könnte, in dem Drama über den Skythen *Tamburlaine* ihn mit *Attila* zu vermischen.
Weltgeschichte *rich* oder *skimmed*?
Der *Cassell's*, unsere nordische Kombination, sagt zu *skim*: abrahmen, abschaumen,

abschöpfen, abstreichen; anfeimen.

Abfeimen ist im Deutschteil des *Cassell's* nicht aufgelistet, aber *Feimen*,*m* was ein *stack* oder *rick* (of *hay*, *corn*) sein soll.

Nach dem *Webster's* kommt *skim* von *skimen* und hat eine ähnliche Bedeutung wie beim *Cassell's*. Man könnte sagen, man muss ganz *abgefeimt* sein, wenn die Bedeutung erfüllt werden soll, die der *Webster's* angibt mit *to refrain from report-*

ing for tax purposes(a percentage of income, gambling gains, etc.) und auch: to move along swiftly over a surface, through space etc. Der Bezug zu *scum* im *Webster's*, der im Vokabular nicht zu finden ist, ist allerdings im *Cassell's* aufgeführt. Er gehört direkt zu abgefeimt und bedeutet Abschaum oder aus der Welt der Metallurgie *Schlacke*, die in Deutschland West wie Ost auch als *Abraumhalden* bekannt sind. Schlacke ist ebenso ein Synonym für das

Lymphsystem, die Abwasserwirtschaft des menschlichen Organismus mit seinen *Stammsielen*.

Rich ist beinahe ohne Zuhilfenahme von Lexika verständlich, dennoch wollen wir einen Blick in den *Webster's* werfen. Wie zu erwarten, hat das Wort einen bedeutenden Stammbaum, der sogar in die *isländische* Hauptstadt und nach Südostasien führt, wo *rice* verehrt wird. Nach dem *Webster's* ist das *Sanskrit*wort

Raj, das Pendant zum lateinischen *Rex*. Darüber hinaus macht der Ton in den höchsten und tiefsten Tönen die Musik, wenn er besonders wohltönend ist. Was vielleicht wenige vermuten: man kann über *rich* lachen. Es gibt Humoristen, die darauf spezialisiert sind. Sagt der *Webster's*, der es wissen muss, wenn man in den Verteiler des Nachschlagewerkes guckt.

Es war die Zeit des sogenannten *Kalten Krieges*, als *Tamburlaine* von *Christopher Marlowe* neu aufgelegt wurde. Genau genommen, war der *Kalte Krieg* gerade ausgebrochen. Die Alliierten aus dem *Zweiten Weltkrieg* hatten sich in aller Disharmonie in West und Ost geteilt. Das Leben miteinander wurde schwieriger, aber nicht unmöglich. Alles, was als Kriegspropaganda gelten konnte, wurde hier wie dorten darauf abgeklopft, ob es propaganda- und gegenpropagandatauglich für die Sowjets und ihre Verbündeten oder für die Amerikaner und ihre Verbündeten war. Amerika stünde für die Verteidigung des christlichen Glaubens, meinten die Christen, was falsch war. Es passte aber, weil es die Christenheit rund um den Erdball ethisch - moralisch empören konnte, wenn sie es denn wollte, was nicht immer ersichtlich war. Dagegen standen die

Atheisten rund um den Erdball als Verbündete der Sowjets, denen die ethisch - moralische Legitimation aus den Heiligen Schriften fehlte.
In dem US-amerikanischen Film *Attila - die Geißel Gottes*, der in den frühen 60*iger* Jahren in unsere bundesdeutschen Kinos kam, spielte *Anthony Quinn* die Hauptrolle. *Quinn* war *mexikanischer* Herkunft und wurde durch seinen Tanz in *Alexis Sorbas* nach dem gleichnamigen Roman des

kretischen Kommunisten *Nikos Kazantzakis* berühmt, worauf von heute auf morgen landauf, landab von allen alle *Sirtaki*kurse ausgebucht waren und der Griechenland Tourismus groteske Formen annahm, als ob die Missgeburt *Satyr*, der bocksfüßige *Faun*, der *Pan* mit der *Flöte*, das Paradebeispiel für klassische Schönheit geworden wäre.

Dazu Manfred Lurker in *Lexikon der Götter und Dämonen* (1989 Alfred Kröner Verlag Stuttgart):

Zitatanfang:

Pan, aus *Arkadien* stammender *Wald-* und *Weide*gott, Sohn des *Herden*gottes *Hermes* und einer *Nymphe*.

Zitatende.

Pan verfolgte *Nymphen*. Er war ein Nymphenstalker, würde man sagen können. Mit Hörnern, Ohren und Beinen eines Ziegenbocks muss er abstoßend gewesen sein. Um ihm zu entgehen, verwandelte sich die *Nymphe Syrinx* in ein Schilfrohr, aus dem sich *Pan* einige Rohre herausschnitt und sich eine

Hirtenflöte baute, die ihn fortan berühmt machte. Ob das *Flötenspiel* dazu führte, dass *Pan* für einen Allzweckgott – im *Lexikon der Götter und Dämonen a.a.O. Allgott* - gehalten wurde, ist offen und Gegenstand von Meinungen bedeutender Musiker und Musikhistoriker. Die herausragende Bedeutsamkeit, die *Pan* erlangte und ihn über alle anderen stellte: Er ist so wie er war, mit Hörnern, Ohren und Beinen eines Ziegenbocks, zum *Prefix* für viele Wörter, Worte und Begriffe geworden, die man sonst nie zusammenbringen würde.

Tanz nach monoton stampfenden Rhythmen, der wie in *Alexis Zorbas* in dem Zusammenbruch eines selbst geschaffenen Bauwerkes an einem Strand auf Kreta endet, galt plötzlich als Allheilmittel gegen Verklemmungen, als ob der Flöte spielende *Lord Krishna*, das omnipotente Multitalent in der indischen Götterwelt, Massenhypnose ausgeübt hätte, ohne zu prüfen, wie hypnosegeeignet das Publikum ist. Bekanntlich ist der kritische Moment nicht der, in Hypnose versetzt zu werden, sondern der, aus ihr aufgeweckt zu werden. Als die sogenannte *Hare Krishna* Bewegung von *Maharishi Mahesh Yogi* sein Werk semivollendete, kam es zu erschreckenden, aber nicht erstaunlichen Reaktionen. Im Wachzustand fand sich manche und mancher emotional ausgebeutet oder gar sexuell missbraucht, was nicht an *Maharishi Mahesh Yogi* allein gelegen haben konnte. Die Strände von *Goa* und *Poona* – auch *Pune* - waren gepflastert mit kiffenden, kopulierenden Früh- bis Späthippies, die mit *Flower Power* aus Kalifornien an der Pazifikküste der USA alle Völker zu missionieren trachteten. *Woodstock* wurde zum Maßstab aller *Pan* - Freiübungen mit *Syrinx* Nachkommen. Es lohnt sich einen Blick in den *Webster's* zu werfen und zu sehen, dass *Punic* aus dem Lateinischen *Punicus* - vordem *Poenicus* – kommt. *Poena* wiederum ist im Lateinischen die *Strafe*.

Die sogenannte *Geißel Gottes* hatte auch noch andere Namen: *die Hand Gottes, Strafe Gottes, Sodom und Gomorrah, die biblischen Plagen (Die Bibel oder die Ganze Heilige Schrift, Privileg. Württ. Bibelanstalt Stuttgart, 2. Mose 7 - 10)*. Die dritte *Plage* waren *Stechmücken*, die vierte *Ungeziefer*, die fünfte war *Pestilenz*. Insgesamt wurde das *Ägypten* des *Pharao* zehnmal von *Plagen* heimgesucht.

Im *Webster's*, der sonst sehr genau ist, wird unter *plague* eine Worthistorie angeboten, die sogar bis zum Mittelfranzösischen und Mittelenglischen *plage* – gemeinhin als der *Strand* bekannt – führt und auch die im Titel von *Christopher Marlowes Tamburlaine* genannte *scourge* – die Geißel – nennt. Der zweite große Bedeutungsblock dreht sich inhaltlich um – meistens tödliche – Krankheiten und

Epidemien. Besonders herausgehoben wird die BUBONIC PLAGUE. Guckt man unter BUBONIC PLAGUE, wird man über den lateinischen Namen *Pasteurella pestis* belehrt, dass die Krankheit tödlich verläuft und von Ratten übertragen wird. Unter *plague* geht es weiter mit den bekannten *Plagen* in der *Bibel*, die die *Ägypter* heimsuchten, im *Webster's* jedoch nur sehr vage als *various calamities sent down as divine punishment* beschrieben werden. Zu Kalamitäten gehören Heuschrecken als achte Plage und eine dreitägige Finsternis, die neunte Plage. Als Quelle wird im *Webster's* Ex.9:14; Num.16:46 genannt, was zwar inhaltlich mit *Mose 2, 7-9* (*Die Bibel oder die Ganze Heilige Schrift, a.a.O.)* übereinstimmt, aber wegen der Ungenauigkeiten in der Beschreibung der zehn biblischen Plagen Zweifel aufkommen lässt, ob etwas anderes gemeint sein könnte.

Der *Cassell's*, die nordische Kombination, stimmt bei *pest, calamity* und *plague* als Übersetzung von *Plage* voll mit dem *Webster's* überein. Es lohnt sich, dann noch unter *vexation* oder *vex* nachzuschauen, weil eine *Plage* dort als etwas beschrieben wird, was wir im Alltag als Belästigung oder auch Schikane, Ärger und Verdruss kennen und damit sehr nahe daran herankommt, womit unsere Gesellschaft und Soziologen, die sie erklären und verbessern wollen, zu kämpfen haben. Wann und warum diese sich als normal darstellenden *Plagen* über uns gekommen sind, gilt es herauszufinden. Es könnte sein, dass die Antwort in der Drucklegung des *Casell's*, der nordischen Kombination, verborgen ist.

***P**oeni* wurden die Neuankömmlinge mit nautischen Fähigkeiten genannt, die die Westküste Indiens erreichten. Es waren *Phönizier*. Heute wird allgemein von Libanesinnen und Libanesen gesprochen, obwohl längst nicht alle Libanesinnen und Libanesen phönizischer Abstammung sind, die den langen Weg vom heutigen *Iran* über den *Translibanon* in den *Libanon* nahmen. Sie schienen keinen guten Ruf gehabt zu haben. Siehe *Webster's*.

Zitatanfang:
…regarded by the Romans as faithless and treacherous.
Zitatende.
Das muss nicht der Wahrheit letzter Schluss sein, wenn man bedenkt, dass gerade auch die *Römer* nicht den besten Leumund hatten. Zu ihrem Glück folgten ihnen die *Hunnen*. Deren Ansehen war so schlecht, dass die *Römer* in den nicht ganz und gar ungerechtfertigten Ruf gerieten, wesentlich zur Verhinderung des Untergangs

von Kultur und Recht im ehemaligen römischen Reich, dann dem *Hunnenreich*, beigetragen zu haben. Die *Phönizier* waren somit nur ein Teil des Problems, zumal sie sich lieber zu Wasser bewegten und nicht durch Kavalleriekunststücke auffielen. Das unterschied sie in ihrer unverwechselbaren Eigensinnigkeit von den *Römern*, die zudem auf ihre marschierenden Kolonnen mit viel Schellenbaumtrara und Glamourrüstungen vertrauten. Die Abneigung der *Römer* gegen die *Phönizier* dürfte bei soviel Unterschiedlichkeit auf Gegenseitigkeit beruht haben, was daran festgemacht werden kann, dass die *Phönizier* einen sehr guten Draht zu den *Stämmen Israels* hatten, die wie sie von *Rom* drangsaliert wurden und auch sonst sich eher um die Möglichkeiten von Freihandel mit weitgesteckten Zielen kümmerten, wenn sie nicht gerade mit großartigen Tempelbauprojekten beschäftigt waren. Die einen *salomonisch* mit Meßrute (Hesekiel 40ff.), die anderen für den *Baal*, was Herrscher heißt.

Indien erschien den *Phöniziern*, wie auch *Nordeuropäern, Arabern und* Juden, aus kaufmännischen Überlegungen erstrebenswert. Sie trachteten es nicht zu erobern, was nur Männer, Zeit und Material gekostet hätte. Sie wollten auch keinem ihre Geheimnisse der Astrologie und Astronomie aufdrängen, was sie nicht mussten. Man lernte von ihnen auch so, wie *Indien* immer von Fremden gelernt hat. *Azimuth* hieß und heißt das Schlüsselwort. Geht man nach dem

Cassell's, ist es eher *Astrologie*, geht nach dem *Webster's* ist es eher *Astronomie* und ein wesentlicher Bestandteil der Navigation, die für die *Phönizier* von hoher Bedeutung war. Das Wort soll nach dem *Webster's* aus dem Arabischen *as-sumut* stammen, wobei *sumut* von *samt*, dem *Pfad* oder *Weg* stammen soll. Als Adjektiv ist *azimuth azimuthal*.

Den *Baals*glauben durften die *Phönizier* in *Indien* beibehalten, nachdem sie an der Westküste am Fuße in den *Malabar* Hills, dort, wo *Poona* – *Pune* – liegt, gesiedelt hatten.

Wegen seines angenehmen Klimas ist die Gegend unverändert eine besonders bevorzugte Wohngegend und für Ein- wie Aussteiger gut bekömmlich, wenn die Voraussetzungen stimmen. Dazu gehört eine gewisse Kenntnis des mentalen Überbaus indischer Lebensart, die offenbar nicht bei allen Jüngerinnen und Jüngern gegeben war. Man nennt sie in der *Bible - The Holy Bible* - *disciples* wegen ihrer Disziplin des konsequenten Jünger- und Jüngerinnentums, ohne zu definieren, ob Judas Ischariot auch dazu zählt, sodass die Zahl der Jesus umgebenden *disciples* eigentlich nicht 12, sondern 11 waren. Jetzt ist die Berufsbezeichnung *follower,* da *follow me* für behördliche Zwecke reserviert ist. Die *follies followers* - Faune wie Nymphen - des *Maharishi Mahesh*

Yogi waren *scholars* in *Barfuß*. Im *Cassell's*, der nordischen Kombination, wird ein Reisestipendium mit *travelling scholarship* angegeben. Für die *follies followers* des Yogi müsste das *Nirvana* ein *blowing out* oder auch *blast* gewesen sein, was nach dem *Webster's* zu den Begriffen zählt, die unter *plague* aufgeführt sind. *Nirvana* wird im *Webster's* von *nirva* in Hindi abgeleitet, was *to blow* heißt. Gemeint ist das Auslöschen der Lebensflamme durch die Vereinigung mit *Brahma*. Es kann angenommen werden, dass Faune wie Nymphen nur in den seltensten Fällen die spirituelle Vereinigung mit Brahma geschafft haben und die Verantwortung dafür anderen in die *chapels* – so wurden Sandalen genannt – geschoben haben. *Chapels* kommt wohl von *chaparral cock*, der im *Webster's* als *road runner* – mit und ohne *travelling scholarship* - beschrieben wird.

Bei *follow* sind wir im *Webster's*, nach intensiver Begutachtung der verschiedenen Möglichkeiten jemandem auf den Pelz zu rücken, bei *Billiards* fündig geworden, was diejenigen interessieren dürfte, die *follower* suchen. *Pan* lässt flötend grüßen, während wir eine *Synopsis* zu *follow a*ngucken, die für alle gedacht ist, die keine Lust haben, die ganzen Hinweise zu studieren. Es werden die juristischen Folgen aufgezeigt, die damit einhergehen, allen und allem comme il fou zu followen. Im Casell's, der nordischen Kombination gibt es zu *fou* als Prefix *Fourage*. Die Erklärung folgt unter *Furage*. Es ist ein *fodder*, die Fütterung; das *Trockenfutter* – etwa für pets - und im Zusammenhang mit *cannon* das *Kanonenfutter*. Der *Webster's* schließt da an und bietet unter *fou* als Prefix *foudroyant* an, was übersetzt soviel heißt, wie jemanden durch einen Blitz

treffen, es jedoch dahingestellt bleibt, ob es ein Gedankenblitz ist.
Bei *disciple* wird auf das Lateinische *capere* verwiesen. Es bedeutet das, was viele, ohne die Herkunft des Wortes zu kennen, als selbstverständlich erachten und damit ziemlich oft eine Bauchlandung machen. Gepickelte *Kapernäpfel* von portugiesischen *Kapernsträuchen* sind das schmackhafteste Mißverständnis des Wortes. Es bedeutet halten

oder festhalten. Die Kaperfahrt ist kein Gesellschaftsvergnügen, sondern ein krimineller Akt, den sich Seeräuber wie *Störtebeker* und sein Chef *Dittmar Koel*, der spätere Hamburger Ratsherr, ausgeguckt hatten, um damit ihr Leben auf erpresserische Weise zu finanzieren. Im *Cassell's*, der nordischen Kombination, ist *Kaper* eine nautische Betätigung, die von *caper* stammt und auf *Cappalis spinosa* verweist, wie der Kaperstrauch auf Lateinisch heißt. Im Zusammenhang mit *Tamburlaine the Great*, dem Nachfolger von *Dschingis Khan*, sollte nicht unerwähnt bleiben, dass im *Webster's* ein *Capercaillie* aufgeführt ist. Dieses Wort wiederum soll aus dem Lateinischen *caballus* abgeleitet ins *Gälische capull* gekommen sein und *horse of the woods* – Waldpferd oder auch Pferd aus Hölzern – heißen. Es erinnert an *Rromalager* voll panflötender *Hermes*- und *Nymphen*nachkommen, die mit Pferd und Wagen

Musik als Lockrufe, Magie zum Staunen und Kunsthandwerk in Wälder und ihre Lichtungen brachten und bringen.

Hatte *das Trojanische Pferd follies followers, disciples oder scholars* in seinem Bauch? Hatten sie ein *travelling-scholarship*, wie es gerne an Schwererziehbare vergeben wird, damit sie auf See in Ruhe *Manieren* und *Takelage* als *nautische Beschäftigung* lernen können? Im *Webster's* gibt es eine

Synopsis unter *follow*. Daraus lässt sich ableiten, dass die – allesamt volljährigen - Groupies des *Maharishi Mahesh Yogi* keine *disciples* wie die Jünger Christi waren. Gucken wir in den *Cassell's*, finden wir unter *jünger* einen sehr erstaunlichen Ausdruck, der an *Pune* – ausgesprochen *Pjun* - erinnert: *puisne* – ausgesprochen: *pjune*. Es ist ein Junior Lehrer für Rechtsangelegenheiten. In der Steigerung *puissance* ist es dann auch schon die

Macht, Herrschaft, Stärke. Die wirklich große Überraschung ist jedoch, dass in der nordischen Kombination, dem *Cassell's, pukka* steht, was im *Kalkutta* der 60*iger* Jahre ein anglo-indischer Slangausdruck für erstklassig, aber auch für *durch und durch* war. *Pukka Cassell's* würde man gesagt haben. Der *Webster's* ist verständlicherweise näher dran an der Genese des *pukka* und weiss, dass es aus dem Sanskrit *pakva* kommt, dann in Hindi zu *pakka* geworden ist und genau das bedeutet, was der *Cassell's*, die nordische Kombination, meint. Darüber hinaus wird der Hinweis *of full weight* gegeben, das nicht immer in Gramm und Kilo bemessen wurde. Im *Indien* der 60iger Jahre wurde der Plural von *Kilo* - abgekürzt im Singular *kg* – als Abkürzung im Plural *kgs* - gebraucht. Phonetisch ergaben sich daraus *cages* oder *cagies*. Der *Cassell's*, unsere nordische Kombination, kennt die Abkürzung von Kilogramm – *kg* – im Plural nicht, bietet jedoch gleich unter *kg* K.-G. (a.A.) als Abkürzung für Kommanditgesellschaft (auf Aktien) an und sagt zu *cage* unter anderem Förderkorb , Fahrkorb (*mines*); (*fig.*) Gefängnis. Alles das kann selbstverständlich im Plural erscheinen. Im Prinzip stimmt der *Webster's* damit überein, gibt jedoch noch einen weiterführenden Hinweis zum Stamm des Wortes, der sich von *cavus*, hollow herleitet und im Englischen zu *cave* geworden ist. Die Erklärungen zu cave sind Öffnungen - Höhlen - in einem Hügel. Der *Cassell's* stimmt mit dem Webster's überein, gibt aber noch die *Grube* zur *Höhle* und die *Parteispaltung* zur *Sezession*, sowie den *Erdrutsch* im *Amerikanischen* an. Das Verb *cave* fährt mit schweren Geschützen wie *eindrücken*, *aushöhlen* und sich *abspalten* auf. Das bekannte *cave canem* aus dem *Ludus Latinus*, das Generationen von Schülerinnen und Schülern Respekt beibrachte und beibringt, obwohl - oder weil - *cave canem* vor dem bissigen Hund warnt.

Von meinem Blackberry (*genus rubus*)

Geändert: Do 19.04.2012 18:27
28. Juli 2011
Das morgendliche Broetchenratingspiel

A Broetchen sind immer unterschiedlich, inflationsunabhaengig, unterliegen keinen Schwankungen im Bruttosozialprodukt, wo auch immer

AA Broetchen sind hier gut, obgleich sie ihr Hier und Heute auch woanders an den Mann bringen koennten, wenn er denn da waere.

Abort
Consilium abeundi
Consilium aborti (Proktologie?)

Freiwilligenheer - Fanclub "Strammer Max"

Wenn Hasenfuss ein Synonym fuer Feigling ist und gleichzeitig fuer ausgiebig praktizierte Sexualitaet, ist unser Freiwilligenheer ein Eros Center, in dem die Raketen ins eigene Bein gehen oder rueckwaerts fliegen

Die Blackbox der DB ist orange, nicht gekennzeichnet und funktioniert am besten, wenn man sie nicht benutzt. In jedem Fall vorher den Arzt oder Apotheker fragen. Eigendiagnose ist sinnvoll, aber genauso gebuehrenpflichtig

Meister Lampe und das Heer der Lampions

Im Einzugsgebiet der Abstraktion von Eintopf und Haute Cuisine.

Die Flucht des Prinzen, nachdem er Dornroeschen wachgekuesst hat

Die Evolution des "S" bis hin zur Revolution

Grosz Schwasz.s
Wieso der Punkt und das dritte "S"? Ist der Rucksack verloren gegangen auf der Flucht vor der Geschichte? Immerhin gibt es eine Haltestelle

Webster's:

S,s (es) n.,pl. S's,s's ist…

Zitatanfang:

The nineteenth letter of the English alphabet; from the *Greek sigma*, a borrowing from the *Phoenicians*.

…a symbol for the nineteenth in a sequence or group…

Zitatende.

Und *Webster's* zu *Z*

Zitatanfang

…the twenty-sixth and last letter of the English alphabet…

The letter is often hyphenated to represent a buzzing sound as of a person snoring, a bee in flight…

Zitatende

Nach dem *Cassell's* ist eine *Bee* unter anderem eine *Southern Constellation*, was sich richtig super anhört.

Z*orba the Buddha*, wie der einer Disko ähnliche Club in der *Bel Etage* des sogenannten *neuen Pöseldorf Centers* an der *Milchstraße* in Pöseldorf hieß, war eine geschickte Anspielung auf die Völkerwanderungen als Folge von *Tamburlaines Blitzfeldzügen* aus dem Herzen Asiens nach *Indien* und von dort in das Herz *Europas*. Er agierte in Hamburg - Pöseldorf über einem türkischen Blumenladen und neben *Suzy Wong* - *Suzy* und nicht *Susi* -, einem chinesischen Restaurant, das nicht als Streetkitchen ausgewiesen war, dessen Küche jedoch zum alten *Pöseldorfer Markt* hin genau den Eindruck einer Streetkitchen vermittelte. Der Geschäftsmix war tauglich für Erfahrungen nach dem Muster von „Das Mädchen Orchidee“ von *Pearl S. Buck* aus dem Jahre 1956 als Vorbild für junge Leute mit Ambitionen, nach dem Abitur in den diplomatischen Dienst einzutreten. Die US-Amerikanerin

Pearl S. Buck wuchs als Tochter eines presbyterianischen Missionars im noch kaiserlichen China auf, erlebte jedoch auch die Jahre der Revolution mit.

Die *DEHOGA* hatte die Inhaberin des *Suzy Wong* als ihre Ansprechpartnerin für all - chinesische Gastronomiebetriebe erkoren, was bedeutete, dass sie sich auch um Betriebe kümmern wollte, die zwar keinen chinesischen Inhaber hatten, aber chinesisches Essen anboten. Da im *Cassells's Straße* nicht nur *street*, sondern auch strait(s), thoroughfare oder *waterway* sein kann und ein *Straßenarbeiter* ein *navvy*, ein *Straßenjunge* ein *street arab*, *ragamuffin* oder *guttersnipe* ist und der *monger*, der Straßenhändler, ebenso dazu beitragen könnte eine Situation heraufzubeschwören, der man besser aus dem Wege geht, ist die Entscheidung der *DEHOGA* sicherlich nicht zu tadeln gewesen, selbst, wenn nicht alle Gaststätten in dem Verband organisiert waren und sind. *Ragamuffin* zeugt von einer großen Liebe zu Indien und dürfte so manchen Inder inspirieren, seine Speisekarte um *ragamuffins* zu erweitern, weil er tageszeitlich bedingte Musik darin wittert. Man merkt, in jedem Fall ist eine *Streetkitchen* nicht immer eine der Stationen zur Glückseligkeit. Die Dame von der *DEHOGA* verstand etwas davon, weswegen sie nicht mit einer *Streetkitchen* in Verbindung gebracht werden wollte. Der

Webster's ist weitgehend mit dem *Cassell's* in Übereinstimmung. Beide kennen den Begriff *Streetkitchen* als solchen nicht, sodass es Sinn macht, auch unter *kitchen* nachzuschauen. In unserem *Webster's* ist das nicht aufregend, eher *kitchen midden*, was vom Dänischen *kökkenmödding* kommen soll: a mound of shells, animal bones, and other refuse…Prähistorische Funde würden damit oft in Verbindung gebracht, heißt es. Da nicht der *Webster's*, sondern der *Cassell's* die nordische Kombination ist, gucken wir mal, ob es dort eine ergänzende Erklärung gibt. Unter *schwarze Küche* ist dort *alchemist's laboratory* genannt, was uns später noch interessieren könnte, wenn von *Tamburlaine* entsprechende Arbeitskreise gegründet werden.

Ich lernte die Dame von der *DEHOGA* bei einer hochkarätig besetzten Veranstaltung im Festsaal des Hamburger Rathauses kennen, als sie neben mir Platz nahm und sich vorstellte, um gleich darauf ein Gespräch über chinesische Gastronomie und deren Probleme zu eröffnen, was für mich persönlich nicht nachvollziehbar war, obwohl ab und an in den Printmedien Berichte über gravierende Hygienemängel erschienen waren, die nicht berücksichtigten, dass in

Notzeiten nicht nur in *China* Ratten und Insekten auf den Speiseplan gehören. Die Dame von der *DEHOGA* sah nicht dem leichten Mädchen *Suzy Wong* aus der Welt der *Soap Operas* mit dem Gleiteffekt von Stapelläufen oder *Musicals* als Gefühlsbarometer ähnlich, sondern einer hart arbeitenden, geschäftstüchtigen Gastronomin mit Restaurants und *Streetkitchens*, wie sie in unserem modernen Leben rauf und runter als Lifestyle propagiert werden. Sie versprach, alle chinesischen Restaurants zu überprüfen, ob sie die gesetzlichen Vorschriften in Deutschland einhalten, damit der gute Ruf traditioneller chinesischer Küche wieder hergestellt würde.

Wer war und wer ist *Suzy Wong* wirklich?

Da das historische Drama von *Marlowe* über die historische Figur *Tamburlaine* in Ab- und Verwandlung eines *Attila* in englischer Sprache ist, ist bei der Erstauflage aus dem Jahre *1939* in dem Verteilerregister bedeutender Städte in den USA als auch in Kanada, Asien und Afrika ein Bezug zum Ersten und zum Zweiten Weltkrieg hergestellt worden, der mit der Schreibweise der Städte und der Interpunktion codiert worden ist. *Die Freie und Hansestadt Hamburg*, die nach dem Zweiten Weltkrieg britische Besatzungszone war, ist nicht darunter, auch nicht sämtliche Anglistischen Seminare sämtlicher Universitäten rund um den Globus. Jedenfalls nicht auf den ersten und auch nicht auf den zweiten Blick. Immerhin erreichte das Buch das *Anglistische Seminar* der *Universität Hamburg* im Jahre *1967*, was ungefähr in der Relation zu amerikanischen

Filmen wie *Attila die Geißel Gottes steht*, die erst Jahrzehnte nach der Uraufführung in den USA in die deutschen Vertragskinos kamen. Der hintergründige Zweck des Drucks am Anfang des Zweiten Weltkrieges und des Neudrucks nicht lange nach Ende des Zweiten Weltkrieges musste also ein zusätzlich anderer als ein wissenschaftlicher gewesen sein. Der *DuMont Atlas der Weltgeschichte*, der von dessen Herausgeber *Profes-*

sor Jeremy Black, Department of History, University Exeter und unter der Verlagsleitung von Chefredakteur *Andrew Heritage* erarbeitet worden ist, ist zuerst *1999* durch *Dorling Kindersley* Limited, 9 Henrietta Street, London, WC2E 8 PS veröffentlicht worden. Er zeigt auf Seite 1 eine Karte der östlichen Hemisphäre, die von *Andreas Cellarius*, dem Rektor der *Lateinschule* von Hoorn in Nordholland im Jahre 1708 angefertigt wurde. Es gilt jetzt die Codierungen zu suchen und zu entziffern. Nicht Suzy, aber *Susia* ist im *Atlas der Weltgeschichte a.a.O.* angegeben. Es liegt in *Turkmenistan* (Zentralasien), was etwas überrascht, weil wir an Istanbul, Kayseri oder Izmir – früher Smyrna –, die Vernichtung der Armenier, die Verfolgung und Vertreibung der Griechen und die Verfolgung und Vertreibung der Kurden denken. Weiterführend ist die Karte vom *Antiken Persien*. Dort ist eine Provinz *Susiana* am *Persischen Golf* in nächster Nachbarschaft zu *Babylonia* und *Mesopotamia* zu sehen. *Marlowe* hat sehr wahrscheinlich diese oder ähnliche Karten studiert, bevor oder während er seine Dramen schrieb, zu denen *Tamburlaine the Great* gehört.

Fragen wir sicherheitshalber noch das englisch-amerikanische Universallexikon *Webster's.*

Unter *Suzy* gibt es keinen Eintrag. Unter *suzerain* ist

a feudal lord zu finden, was nicht uninteressant ist, da das *y* in *Suzy* für einen gewissen Herrschaftsanspruch stehen könnte und *rain* sowohl *reign* (*regieren, führen*) bedeuten könnte, wie auch *rein*. *Rein* würde Zügel heißen und auf eine bevorzugte Fortbewegung auf Pferden hindeuten, was zu den angesprochenen Eroberern passen würde, die *Korea*, Teile von *China*, *Indien* und ganz *Südostasiens* einnahmen, ohne dass die

Bevölkerungen automatisch muslimisch geworden wären. *Horsepower* - Pferdestärke - ist deshalb ein noch besonders zu beachtendes Thema, das im *Webster's* zu finden ist. Demnach soll zuerst *James Watt* den Begriff offiziell angewendet haben, was etwas befremdlich ist, weil der als Birne bekannte Leuchtkörper nicht an ein Pferd erinnert. Allerdings heißt die elektrische Glühbirne auf Englisch *bulb*. *Bulb* wiederum erinnert an den berittenen Eroberer *Taras Bulba*, der eher eine kleine Nummer war verglichen mit *Tamburlaine* und *Dschingis Khan*. Er war ein Kosakenhetman und trieb sein durch *Nikolaj Gogol* Literatur gewordenes Unwesen im 17. Jahrhundert. Es stellt eine Relation zu anderen reitenden Horden her. Wie etliche Lokalfürsten gestern und heute machte er seinen Einfluss durch strategische Einnahmen von Landes- oder Meeresengen wirksam. Berühmt geworden ist das Gemälde von *Ilja Repin*, wie die Kosaken an den Sultan einen Brief schreiben (lassen), um ihre Forderungen zu fixieren. In dem US - Film *Taras Bulba* von 1962, also etwa zeitgleich mit *Attila die Geißel Gottes*, sind in den Hauptrollen *Yul Brynner* mit Familienstämmen in *Burjatien*, und *Christine Kaufmann,* das österreichisch - deutsche *Rosen-Resli,* zu sehen, die nach ihrer Scheidung von *Tony Curtis*, einem ungarischen

Juden, der ebenfalls in *Taras Bulba* zu sehen war, nach *Poona* in einen Ashram des *Maharishi Mahesh Yogi* ging und in einem Buch über ihre abschreckenden Erfahrungen dort schrieb.

Was machte *Taras Bulba* für die Amerikaner so interessant?

Begeben wir uns über den *Webster's* und den *Cassell*'*s* auf seine Fährte. Dort finden wir unter *bulb* eine Beschreibung des Wortes, das unsere Lust auf Bedeutungsidentitäten wie bei *Taras Bulba* voll befriedigt.

Zitatanfang:

An underground bud that sends down roots…

Zitatende.

Erst später wird die elektrische Glühbirne erwähnt, die nach *Webster's* nicht ihre Bezeichnung von der Birne wie Abate, Kaiserkrone oder Williams Christ herleitet, sondern von der Form einer Pflanzenzwiebel. Obwohl es nicht auszuschließen ist, dass Pflanzenzwiebeln eine erhebliche Energie haben, auch solche, die etwas ungewöhnlich sind wie eine Orchidee, wollen wir uns über den auch in der chinesischen Küche sehr beliebten Knoblauch hinaus, dem selbst *Vampire* und *Imame* nichts entgegenzusetzen haben, nicht weiter damit beschäftigen. *Der Imam fiel in Ohnmacht* hieß ein fantastisches türkisches Gericht mit viel Knoblauch. Auf Befehl der türkischen

Regierung, einer nicht wenig stolzen Nachfolgerin von *Tamburlaine*, wenn davon ausgegangen wird, dass er nicht *Mongole* und nicht *Skythe* war, wurde es vor einiger Zeit umbenannt.

Garlic heißt Knoblauch auf Englisch. Unsere nordische Kombination im *Cassell's* gibt sich bedeckt, wenn es um Knoblauch geht. Unter Knoblauch gibt es keinen Eintrag im deutschen Vokabularteil. Vertiefen wir uns also wieder in den *Webster's*. Wie erwartet, ist man dort wissenschaftlich zu Werk gegangen und bescheinigt dem Knoblauch ein religöses Pedigree, das man nicht unbedingt mit dem Geruch in Verbindung bringen würde: das der Liliengewächse. Der lateinische Name ist *Allium sativum*. Die Eigenschaften, die man dem Knoblauch zuspricht, sind nicht die wie in *der Imam fiel in Ohnmacht,* sondern *die des Fürsten Dracula,* der als volksnah und mildtätig galt.

Die Wunderknolle, die schon mal als Zwiebel *bulb* heißt, ist auch als *bulb* im *Webster's* zu finden. Im *Cassell's*, der nordischen Kombination, ist unter *Knolle dumpling* angegeben, was im englischsprachigen Teil des *Cassell's* der *Kloß* ist. Guckt man im deutschsprachigen Teil des *Cassell's*, der nordischen Kombination, unter *Kloß* nach, so wird man auf *clod* verwiesen, die als *clotted cream* - die crème de la crème zum *high tea* bekannt ist, aber auch auf

Erdklumpen oder *Scholle*. Der *Webster's* ist damit weitgehend in Übereinstimmung und verweist auf *climb*, *cleat* und *clot*. Die logische Verbindung zu *climb* erschließt sich, wenn man im *Webster's* erfährt, dass *climb* eine direkte sprachliche Verwandtschaft zum altertümlichen clomb hat, was einen stetigen Anstieg bedeutet. Es muss in dem Zusammenhang erwähnt werden, dass *Tamburlaine* und seine Zeitgenossen stark auf die Wirkung und

Bedeutung von *Knollen* und *Zwiebeln* mitsamt ihren Blättern gebaut haben und *clover-leaf* das *Glücksklee-blatt* ist, eine Ansammlung von *clotted leaves*. Man könnte beinahe sagen, dass es das Edelweiß unter den Blättern ist. Edelweiß heißt im *Cassell's*, edel-weiss oder auch *lion's foot*. Der *Webster's* stimmt mit *edelweiss* überein und liefert noch die lateini-sche Fassung zum *lion's foot*: *Leontopodium alpinum*.

Die macht Sinn, wenn die Angaben zu der Herkunft des *Edelweiß* gelesen werden: die hohen Gebirge *Europas* und *Zentralasiens*. Wegen der Bedeutung von *leaves* – Blättern – hat der Webster's eine Schautafel unter *Leaf Forms* angefertigt, wo unter der *Division Löwenzahnblatt* – so kann es aus der Zeichnung ersehen werden – *Runcinate* steht.

P*ferdestärke* – *horsepower* - bedeutet nach *Webster's* ganz allgemein die von einem Pferd welcher Herkunft auch immer aufgewendete Energie beim gestreckten Galopp – *pulling* -, der mit Rennpferden trainiert wird. Die physikalisch mathematische Bestimmung als Einheit der Stärke von *motors* und *engines* – im Deutschen ganz allgemein *Maschinen* – ist…

Zitatanfang:

… equal to 746 watts or to a rate of 33,000 footpound-

per minute (the force required to raise 33,000 pounds at the rate of one foot per minute).
Zitatende
Sowohl über *force*, als auch über *rate* and *pounds* ließen sich riesige Netzwerke bauen, die den Eroberungen *Tamburlaines* zu Pferde ähnlich wären und nur noch mit denen des *Pan*, der *Ziege* und des *Ziegenbocks* vergleichbar wären.
Weiter steht im *Webster's* unter *suzerain*:
Zitatanfang:

A *state* in its relation to a *semiautonomous state* over which it exercises political control.

Zitatende.

Vorausgesetzt die vorliegende Edition des *Webster's* aus dem Jahre *1978* - die Erstauflage war *1953* - hat diese Wertbestimmung von *suzerain* zu der Zeit aufgenommen, dann müssten auch Konflikte im Mittleren Osten - wie auch die in der Sowjetunion, in *Kaschmir* und *Tibet* und an anderen bekannten konfliktträchtigen

Orten - gemeint gewesen sein. Dazu zählte die damalige deutsche Zonengrenze. War der Eintrag schon vor 1978 zu finden, sind auch alle Gebiete betroffen, die aus der britischen - oder anderer Staaten wie Frankreich, Spanien, Portugal oder Dänemark - Kolonialzeit stammen, aber 1978 bereits - meistens blutig wie im belgischen Afrika oder im niederländischen Indonesien - die vollständige Unabhängigkeit erlangt hatten.

Von meinem Blackberry (genus rubus)

20. Juni 2011
Eine Frau ohne Unterleib sind Verwerfungen vom Schwanz her aufgezaeumt.

Am 20. Juni jeden Jahres steht im nördlichen Wendekreis die Sonne mittags im Zenit und geht im nördlichen Polarkreis nachts nicht unter, was allgemein als Sommersonnenwende bekannt ist.

Der *Webster's* dazu: *mensis Junius* ist der Monat der *Juno*. Die Abkürzungen sind *Je.,Ju.,Jun.*

Nach Manfred Lurker *Lexikon der Götter und Dämonen* (1989 Alfred Kröner Verlag Stuttgart) war *Juno* eine römische Göttin, die die jugendliche Kraft einer Frau symbolisierte und das Gegenstück zum männlichen *Genius* darstellte. Sie ist Göttin der Ehe und Schutzherrin der Ehefrauen. Als *Juno Regina* schützte sie das ganze römische Reich. Die Monate mit *J* sind die Monate, wenn die *Jakobsmuschel* gefangen wird und für den sofortigen Verzehr auf die Tische von Feinschmeckerlokalen kommt.

Juno war bei den Griechen *Hera*, *Jupiter* war *Zeus*. *Mars*, der Schutzgott der

Januargeborenen war bei den alten Griechen *Ares*. Man müsste eine neue H-Z-A oder eine Z-H-A Regel erfinden, um Menschen mit Followern noch gefügiger zu machen.

In Indien gab es lange Zeit edelweisse Nachfolgestaaten der *Khanate*, die mit den Eroberungen von *Tamburlaine* gegründet wurden, wozu auch das *Königreich Bengalen* gehörte. Dazu: *Watch! Watch! Watch! - Henri Cartier-Bresson*, eine Ausstellung mit teilweise verstörenden Bildern des berühmten Fotografen (*Bucerius Kunst Forum Hamburg* 15. Juni - 22. September 2024). Die Ausstellung entstand in Kooperation mit der *KBr Fundación*, *Barcelona - Katalonien* ist eine zu Sezessionsbegehren neigende Provinz Spaniens - und der *Fondation Henri Cartier-Bresson*, Paris, das sich in seinen Mehrschichtigkeiten wie eine geologische Studie oder ein literarisches Bild vom sogenannten *Bauch von Paris* ausmacht, der für manche zu leer, für andere so voll ist, dass *Gargantua* oder sein Protagonist *Départdieu*, der Liebling der Präsidenten, zu platzen scheint.

The decisive Moment – Photographs by *Henri Cartier-*

Bresson, ist ein etwas anderes Buch zu der genannten Ausstellung im *Bucerius Kunst Forum*. Es ist eine englischsprachige Ausgabe der *Fondation Henri Cartier-Bresson*, printed by *Draeger France*, das aber - sind Franzosen wirklich solche Chauvis? - mit einem französischen Zitat eröffnet.

Cardinal de Retz war so intelligent zu meinen, dass nichts auf der Erde gäbe, was nicht einen entscheidenden Moment hätte.Es wäre angemessener gewesen die *Bhagavadgita* zu zitieren, wo schon ein paar tausend Jahre vor *Cardinal de Retz* die Frage nach dem Tun und dem Nichttun gestellt wurde, dem man sich keinen einzigen Moment entziehen kann. Das war und ist Programm in *Indien* und das Problem für solche, die *Indien* verstehen wollen und an der Vielfalt leicht verzweifeln, was nicht nötig ist. Es gibt Grundwerte, die man sich auch ohne die

Kenntnis der unterschiedlichen Namen von Gottheiten leicht merken kann. Sie unterscheiden sich nicht wesentlich von unseren Grundwerten, die in den Zehn Geboten – *The Ten Commandments* – festgehalten sind. Für alle, die es nicht wissen sollten: Es gibt eine *Bibel*, wo sie zu finden sind. Man kann sie aber auch im Bundesjustizministerium in sehr viel komplexerer Form abfragen.

Gezeigt werden in dem Buch *The decisive moment* mit Bildern von *Henri Cartier-Bresson* solche mit singulären Prominenten, aber auch Massen von Wanderern. Es sind längst nicht alle Wanderarbeiter, sondern einfach Mitläufer. Ob *Chapels*-träger, *ragamuffins*, *street arabs*, sie waren und sind Kuriere im lockeren Angestellten- und Arbeiterverhältnis.

Alle Bilder bei *Cartier-Bresson* beinhalten mehr als

einen einzigen entscheidenden Moment, zum Beispiel das als *image* bezeichnete Bild von seiner Hoheit dem *Maharadscha von Baroda* an seinem 39. Geburtstag 1948 in *Baroda*. Er wurde wie das muslimische *Zuckerfest* gefeiert. Ob *sugar cane*, das Zuckerrohr, das auf Karren zu Pressen gebracht wurde, dann auf Eisblöcke gelegt wurde und dann nach der Pressung gegen ein paar Münzen nach *gusto* aus dem *tronc* der Wohlhabenderen als Erfrischungsgetränk in

Gläser floss, eine Rolle spielte, ist so nicht zu erkennen. Lateinisch heißt *sugar cane* nach *Webster's* *Saccharum officinarum*. Zuckerrohr ist demnach in den Tropen der größte Lieferant für Zucker, was – wenn er kein Staatsmonopol ist – Investoren auf den Plan ruft. Dazu muss man kein großes Rad drehen, was als *RAD* nach unserer nordischen Kombination, dem *Cassell's* in der 11. Auflage aus dem Jahre 1966 *und* mit einer Erstauflage aus dem Jahre

1957, die Abkürzung für *Reichsarbeitsdienst* war. Das Rad wird auch in Indien großgeschrieben, nicht nur im Zusammenhang mit *cage* und *cave*. Es ist Sonne und Spinnrad und Indiens Wahrzeichen Nummer 1. Bei uns in der nördlichen Hemisphäre ist der *sugar-beet*, die Zuckerrübe, der Hauptlieferant von Zucker. Der Zuckerfabrikant heißt nach dem *Cassell's sugar-renner*, wie Zucker generell einen hohen Stellenwert im *Cas-*

sell's, der nordischen Kombination, hat und sich damit in guter Gesellschaft zu orientalischen Gebräuchen befindet. Man fühlt sich an *Gustav Klimt* und die an byzantinische Mosaike gemahnenden Gemälde von der *Frau Kandel* erinnert. Das letzte blieb unvollendet. Nicht etwa, weil die Frau *Kandel* verstorben gewesen wäre. Vielmehr war der Herr Zucker *Kandel* des Zahlens für die durch den Maler *Klimt* inszenierte Untreue mit der dem Herrn *Zucker*

Kandel angetrauten Frau *Kandel* müde und hatte dem Malermeister und Meistermaler *Gustav Klimt* die rote Karte gezeigt, was in Wien in solchen Fällen so diskret wie möglich über einen Mittelsmann - meistens einen Anwalt- geschah.

Sugar - cane ohne Edelweiß. Maler *Klimt* residierte weiter in einer Eigentumsvilla am *Attersee*, die *Kandels* bis aus weiteres in *Wien*.

Das Jahr 1948 war für den Subkontinent Indien sehr schicksalsreich. Sieht man sich eine Karte aus Zeiten der Migrationsströme als direkte Folge von *Tamburlaines* brutalen Raubzügen durch *Indien* an, fällt auf, dass *Baroda* ein zentraler Punkt für den Eroberer mit seinen Mannen aus verschiedenen Völkern war. *Baroda*, das infrastrukturell gut an die Metropolräume *Jaipur* mit *Jodhpur* und *Udaipur*, *Delhi*, *Neu-Delhi* und *Bombay* (jetzt *Mumbai*) mit *Poona* –

Pune - bis *Goa* angeschlossen war und ist, sowie von Handels- und auch Kriegsmarine erreicht werden konnte und kann, ist auf einer nach Produkten gekennzeichneten Karte aus der Neuzeit als ein bedeutendes Zentrum des Waffenhandels und anderer Industrien erkennbar.

In meinen Indienerfahrungen aus den 60iger Jahren, die kartografisch im *Atlas der Weltgeschichte a.a.O.* einen Platz gefunden haben, war *Baroda* eine immer wiederkehrende Größe in Gesprächen, die sich bei Frauen um die Opulenz von Saris und Schmuck drehten. Es gab schon in den 60iger Jahren auf dem indischen Subkontinent indische businesswomen, Ingenieurinnen, und Frauen - *females*, wie es allgemein hieß - in anderen Berufen, die hier noch nicht einmal heute im Jahre 2024 die inzwischen eingeführte Quote erreichen. Allein die Kenntnis von Schmuck und Saris verlangte nicht nur eine gute Allgemeinbildung, sondern auch hohes Spezialwissen und ein dickes Adressbuch, womit nicht hinter dem Berge gehalten wurde. Zu *female* steht im *Cassells's* nichts, was man von der menschlichen Anatomie und Biologie nicht sowieso wüsste, im *Webster's* hingegen ist *female* in erster Linie eine religiös - philosophische Betrachtung, die mit *altered after MALE* beschrieben wird. Danach werden

Generationen von Möglichkeiten aufgezählt, wie es zu *female* kommt und wie *female* angewendet wird. Inhalt: *Bestimmung und Vollendung*. In der englischsprachigen Version der österreich-deutschen Filmproduktion aus dem Jahre 1956 „*Die Trapp Familie*“, in dem *Ruth Leuwerik* die weibliche Hauptrolle spielte und *Hans Holt* die männliche, der monatelang in einem zentralen Kino im *Kalkutta* der 60iger Jahre lief, war es besonders das Lied „*The hills are alive with the sound of Music*", das den Inderinnen und Indern gefiel, weswegen der Film dort „The Sound of Music" hieß.

In *The decisive Moment* der *Fondation Henri Cartier-Bresson* mit Fotos von *Henri Cartier - Bresson* wird die Maharani von *Baroda* mit Schmuck gezeigt, der - so ist dem Nachwort zu entnehmen - *Napoleon* - vermutlich *Napoleon I*, also *Buonaparte* - gehört haben soll. Die Zuordnung ist nicht ohne Bedeutung, wenn man sich die geographische Lage *Barodas* und seinen damaligen - und teilweise immer noch andauernden - politischen Sonderstatus vergegenwärtigt.

Das Nachwort von *The decisive Moment* - der Titel lässt aus Gründen der Logik eigentlich überhaupt kein Nachwort zu - ist bedenklich. Das Nachwort ist nicht etwa als *P.S. = post scriptum* oder *N.S. = Nachschrift* - manchmal auch einfach *PS* oder *NS* -, sondern tatsächlich als *Nachwort* gekennzeichnet. Es ist in *The decisive Moment* mit Bildern von dem Überflieger *Henri Cartier-Bresson* eingestandenermaßen über einem mindestens doppelt gesicherten Netz ausgeworfen worden, wie sich der ganze Lebenslauf von *M. Cartier - Bresson* als Seiltanz der *Schleppseilakrobatik* ausmacht, der rechts und links professionelle Fänger hat. Unüberlesbar: Er war ein gewiefter Geschäftsmann, der nichts ausließ, um seine multiplen Schäfchen ins Trockene zu bringen. Unter anderem arbeitete er für *Harper's Bazaar*, was manchen Edelglamour erklärt, aber nicht, wie *Napoleon* –

wir gehen von *Napoleon I Buonaparte* aus - an den großen Schmuck gekommen ist, den die Maharani von *Baroda* auf besagtem Bild trägt, geschweige denn, wie die Maharani von *Baroda* an den Schmuck gekommen ist, ob er geschenkt worden ist oder ob er eventuell über ein Auktionshaus - vielleicht in der Schweiz - vermittelt wurde.

Wenn die leicht irritierende Bezeichnung *A book with no equivalent* für das

Buch mit Bildern von *Cartier - Bresson* zutreffen sollte, dann wegen Bildern wie diesem aus *Baroda* und den vielen Annahmen, die pre-sumptively gemacht werden können und müssen. Dazu sagt der *Webster's: presumptively* ist das Adverb zu *presumed*. Es bedeutet, dass etwas auf einer Wahrscheinlichkeit basiert. In dem Zusammenhang wird ein Erbe - oder eine Erbschaft - genannt (an *heir presumptive*).

Die Bilder von *Henri Cartier-Bresson* mit *decisive moments* aus *Bengalen* waren auch in den 60iger Jahren nicht viel anders, als Millionen von Flüchtlingen über die östlichen *Chapel Paths* kamen. Es waren mehr oder weniger geheime Wanderwege – nach *Kalkutta* - *Calcutta*, jetzt *Kolkata*. Die meisten waren vertriebene *Muslime*, die eigentlich ins unabhängig gewordene *Pakistan*, bestehend aus West Pakistan und dem ostbengalischen *Ost Pakistan* - jetzt *Bangladesh* - hätten auswandern sollen. Alle samt und sonders *pukka* oder *pakka Indians* bis zur Unabhängigkeit. Mal wieder. Es war nicht die erste. Der Weg dahin war jedes Mal mühsam und blutig gewesen. Nach *Webster's* ist *path* - *Pfad*, nicht *Straße*, sondern ein Lehnwort aus dem iranischen Sprachbereich, weswegen es verständlich ist, dass *Pathan* in *Hindi* ein *Afghane* ist. *Path* wiederum ist unter anderem *a line of movement*. Als Beispiel wird *the path* of the *meteor* genannt. Will man diesen etwas rätselhaften Hinweis verstehen, muss man im *Webster's* nach *meteor* suchen und findet dort einen ganzen Kosmos an Bedeutungen, wovon wohl *things in the air* die umfassendste Beschreibung ist. Der *Cassell's*, die nordische Kombination, bietet zur weiteren Vertiefung *Meteorstein aerolite* an, was auf einen Bezug zur Luftfahrt schließen lassen könnte. In der Schweiz ist

Pfader der gebräuchliche *terminus technicus* für Pfad, so der *Cassell's*. Das ist insofern interessant, weil die *hinduistisch - buddhistische* Lehre voller *Pfade* ist. Eine der größten *buddhistischen* Gemeinden im Ausland ist in der Schweiz ansässig und wird regelmäßig vom Dalai Lama und Würdenträgern seines Ersatztibets im indischen Exil besucht. Bekannt - geradezu Kult - ist das taoistische *Der Weg ist das Ziel geworden*. Der *Taoismus* war im kommunistischen China lange verboten. Es bedurfte des Beweises, dass der Weg allein nicht genug ist, um die Bevölkerung Chinas zu ernähren.

Von meinem Blackberry (genus rubus)

Geändert: Do 19.04.2012 18:27
3. Juli 2011
Die Gelassenheit eines Wasserlaeufers ausserhalb der Erreichbarkeit von Stoerfeuern

Bankenkrise ff - Meineidgenossenschaft

Gemuesesuppe unter den Baeumen. Sonntags Minestrone

Kugelblitz in der Thermoskanne. Energietab fuer unterwegs nach Uferlos

Leuchtspurmunition als Erntehelfer. Wo Stare (sich) versagen

Weihrauchbaum und Opferstock.

Das Kirschspiel im Kirchspiel. Steine gegen den Wind werfen.

Teebeutel- Tee gebeutelt

Ritteransporn gegen Magerritt

Sportlerkrankheit: Wadi con carne

Rotkaeppchen - Rothaeppchen

Wenn ich an das *Kalkutta* der 60iger Jahre denke, denke ich an die *Geier – vultures* - auf den Dächern, die auf Beute lauerten, auch Menschen. Dekaden später – es muss vor sechs oder sieben Jahren gewesen sein - sah ich *Kormorane* am Alsterufer in Hamburg vor dem Generalkonsulat der Vereinigten Staaten von Amerika und wurde an das Bild aus *Indien* erinnert. Ich fragte mich, wer diesen beeindruckenden Wächtern ihren prominenten Platz in der Nähe der Neuen

Rabenstraße und der Alten Rabenstraße zugewiesen hatte. *Vulture*, sagt *Webster's, stammt* aus dem Lateinischen *vellere* (*reißen* oder *zerreißen*).

…related to the eagles and hawks…same as *Turkey Buzzard*…any greedy and ruthless person who preys on others. Die Größe ist beachtlich: 32 in. long, wingspread to 6 ft.

Cormorant hat folgende sprachliche Verwandtschaften: *Cormoraunt*, *corp ma-*

renc, *corvus marinus* (zusammengesetzt aus *corvus*, Rabe, und *marinus*, Marine). Laut *Webster's* wird der *Kormoran* im *Orient* als Fischfänger eingesetzt. Man könnte in Abwandlung von *The Catcher in The Rye* (*Der Fänger im Roggen* von *J.D. Salinger* The Catcher on the Shore sagen.

Webster's sagt zu *Catch-22*, das *from the novel catch-22* (1961) by *J. Heller* folgendes darstellt:

a paradox in a law, regulation or practice that makes

one a victim of its provisions no matter what one does

Zu *rye*: see *ROMANY RYE* a *Gypsy gentleman*

Rye ist außerdem ein Getreide. Das Wort stammt demnach aus dem *Litauischen* und ist aus dem *Indo-Europäischen* über das deutsche Wort Roggen in den *angelsächsischen* Sprachraum gekommen.

Im *Cassell's*, der nordischen Kombination, wird bei *rye* auf das deutsche Wort *Lolch* verwiesen.

Im deutschen Teil des *Cassell's* steht unter *Lolch* darnel, *ray-grass* (Lolium). Der *Roggen* als Getreide wirkt etwas vernachlässigt, obwohl *Roggen* wegen seiner robusten Natur gerade im Norden angebaut wurde und wird. Er heißt im *Cassell's* einfach *rye*. Machen wir noch einmal die Gegenprobe bei *ray-grass*, so finden wir nichts wirklich Erhellendes, außer dass *ray* auch der *Roche(n)* heißt und *darnel* eben *Lolch*. Man fühlt sich im Irrgarten des

Cassell’s, der nordischen Kombination, ohne Inselhopping in der Dänischen Südsee geübt zu haben und landet auf Baltrum.

Einen *catcher* als solchen gibt es nicht, aber eine deutsche Substantivierung vom Verb *catch*. Dort wird daraus das *Fangen*, der *Gefangene*, *der Fang*, die Beute…die *Täuschung*, der *Kniff*, was an *catch-22* erinnert. Man könnte beinahe davon ausgehen, dass zur Inspiration hier und da mal

in das Werk des anderen geschaut worden ist. *Kormorane,* wie auch das Buch von *J.D. Salinger,* sind dementsprechend höchstwahrscheinlich eine Codierung.
Das Buch *The Catcher in The Rye - Der Fänger im Roggen* wurde in den 50iger Jahren weltweit, auch in der Bundesrepublik Deutschland, ein Bestseller. *Christopher Marlowe* hätte von ihm lernen können. Vielleicht war es aber umgekehrt und *J.D. Salinger* hat von *Christopher Marlowe* gelernt.

Es muss davon ausgegangen werden, dass bestimmte *Kormorane* trainiert werden können. Ähnlich wie beim *Geier* ist *Kormoran* ein Schimpfwort, das gierige Menschen beschreibt. Der *Geier* hat auf dem langen Weg vom Orient bis in unsere Gefilde seine Heiligkeit aus dem *alten Ägypten* dramatisch eingebüßt. *Cassell's*, die nordische Kombination, wartet unter *Geier* mit zwei Flüchen auf: *Hol' dich der Geier*, was entweder *deuce take you*! oder *confound* *you!* heißen soll. *Confound* wird mit *bestürzt* oder *verwirrt machen* angegeben und in die Nähe zum Teufel gerückt. Darüber hinaus ist *deuce* der Einstand, sonst die Zwei oder das *Daus* bei Karten und beim Würfelspiel. Der *Webster's* bietet als Erklärung zu *deuce* die Herkunft aus dem Lateinischen *deus* an, was so manchen ins Grübeln stürzen wird, der meint, dass ein *Deus* – ex machina nicht ein Gott, sondern ein Teufel ist.

Wenn ich *Cartier - Bressons* Bilder aus *Kalkutta* sehe, denke ich an *chapels* und an *deuce*. Alles war unmöglich, alles war möglich. *Alf*, der Außerirdische vom Planeten *Melmac* in millionfacher Ausfertigung. No problem, null problemo. *Indien*, der Kosmos und die *Null*! Alles äquatorial. Der *Cassell's* lässt es sich nicht nehmen, *null* nicht als Substantiv anzubieten. Er spricht von *null* und bemerkt dazu *in-dec.adj.* mit Bezug auf *nil*, *null*. Es gibt auch noch *void*, was ungültig oder leer heißt, wie beispielsweise im Jargon von Luftfahrtpersonal auf Flugscheinen für noch offene Flüge gebräuchlich war. Selbst bei *Er ist eine wahre null* wird die Schreibweise mit einem großen Anfangsbuchstaben im *Cassell's* ausgeklammert und heißt unter anderem *a mere cipher*, was ungute Erinnerungen an Tätowierungen von KZ-Häftlingen aufruft.

Eine *null Partie* im Tennis soll nach dem *Cassell's* ein *love - set* sein.
Deuce oder *Zero*?
Zero, so der *Webster's*, wird aus dem Arabischen *sifr* = *cipher* abgeleitet und macht seinen Weg über Italien = *zero* und Frankreich = *zéro* in das Englische. Der Plural ist *zeros* oder *zeroes*.
Sind *chapels nulls* oder zeros, wenn sie *pukka* oder *pakka* sind, also vielleicht von einem *rye* verkauft oder getragen werden?

Die weiteren Ausführungen bestätigen, dass die *Null* wie *rye* ein Kosmos ist. *Zero* heißt nach dem *Webster's* auch *nothing*, was die Nicht-Zahl in einen religiös - philosophischen Bereich rückt und zum juristischen Problem erhebt.

Die *China Town* in *Kalkutta* konnte in den 60iger Jahren nur mit einem besonderen Pass besucht werden, der vor Betreten ausgestellt und nach Verlassen wieder eingezogen wurde. Es war ein geschlossenes *Ghetto*, das in Indien nach dem Kaschmir Krieg gegen China, offiziell als Feindesland galt, ohne auszuschließen, dass sich dort nicht wenige aufhielten, die vor *Mao Tse-tung* und der Kulturrevolution geflüchtet waren. Ich hatte den Eindruck, dass in der *China Town Kalkutta* unter nicht weniger schwierigen Bedingungen wie in ganz *Kalkutta* ein starker Lebenswille mit speziellem Humor herrschte, wie einige Bilder von *Cartier-Bresson* ihn zeigen. Diese Art von speziellem Humor habe ich überall kennengelernt, wo Menschen unter größten Bedrohungen versuchten, einem Alltagsrhythmus nachzugehen, der ihnen den Glauben an die Zukunft gab.

Ich kann mich nicht mehr genau erinnern, was mein indischer Gastgeber, der bei der indischen Handelsmarine war, in dem chinesischen Restaurant bestellt hatte, wo wir - offenbar für die Chinesen nicht überraschend - eingekehrt waren. Er kannte es, sie kannten ihn. Kein Problem. Das (all)tägliche Paradoxum im *Kalkutta* der 60iger Jahre. Nicht wenige nannten den urbanen Moloch *the devil's own town*. Wir würden sagen: die Hölle auf Erden. Die

Schutzgöttin war und ist die auf einem Tiger reitende vielarmige und Lanzen schwingende *Durga*, die Göttin der Rache und des Krieges einerseits, die Verteidigerin der Rechte Bengalens andererseits. Ihre andere Gestalt ist die schwarze Göttin *Kali*. *Kalighat* war in den 60iger Jahren der größte Scheiterhaufen Indiens. Die Feuer brannten Tag und Nacht. Es wurden Hunderttausende von Krankheiten wie Cholera, Typhus, Lepra und Pocken dahingerafft. Heute war es der *Dhobi*, der die Wäsche am Flußufer wusch und täglich aus den Quartieren holte und wieder hinbrachte, morgen die *Arya*, die jeden Tag von weit herkam, um auf Kinder aufzupassen, die Böden zu wischen und zu kochen.

***W**ong* wie *Wang* sind in China keine ungewöhnlichen Namen. Es gibt ein paar Spielarten, sich ihm von einer der sieben Himmelsrichtungen zu nähern, die in Asien - besonders auch in *Indien* - bekannt sind, ohne die Fantasie einzelner zu sehr eingrenzen zu wollen, was an sich das Völkerrecht noch nicht verletzt, aber bei zu großer Fantasie verletzen könnte. Die *Orchidee*, insbesondere der *Frauenschuh*, gehört auch dazu.

Dazu weiß *Webster's*, dass ein *won*, das mit langem *o* gesprochen wird und somit wie *Wong* klingen könnte, vom mittelalterlichen *wonen* kommt. Der Ausdruck ist nicht mehr gebräuchlich, sozusagen altes Eisen, was gut passt, da das historische Drama *Tamburlaine* von *Christopher Marlowe* rein sprachlich ebenfalls dazu gehört. Um es zu verstehen und den aktuellen Bezug herauszufiltern, sind derlei Hinweise wie bei *won* mit langem *o* genau richtig. *To dwell* (wohnen) soll es heißen oder *abide*. *Abide* ist ebenfalls altes Eisen und kommt aus dem Altenglischen *abidan.* Es bedeutet so viel wie unverbrüchlich zu etwas oder jemandem stehen, bleiben, aber auch im ethischen Sinne „sein". „To be or not to be" ist wohl mit Abstand eine der bekanntesten Sinnesfragen.

Ein paar Zeilen unter *abide* ist *Abidjan*, seaport and capital of the *Ivory Coast* zu finden.

Elfenbein, so sagt der *Webster's* kommt vom Lateinischen *eboureus*, in Ägypten ist es *ab* oder *abu* und heißt Elefant oder *Elfenbein.*

Um einschätzen zu können, dass sowohl der *Cassell's* als auch der *Webster's* nicht Unrecht haben mit den im Vokabular unter *street* als *street arabs* verzeichneten arabischen Straßenjungen, lohnt es sich den ägyptischen Literaturpreisträger *Nagib Machfus* zu Hilfe zu nehmen. In seinem Buch die *Midaq-Gasse - 1947* in Kairo unter dem Titel *Zuqaq al - Midaqq* erschienen, Deutsch 1985 Unionsverlag Zürich - wird gleich im ersten Kapitel eindringlich eine Situation beschrieben, die darauf hindeutet, dass die Straße von Kindern und Jugendlichen beherrscht wird, die die traditionsbewusste Generation nicht mehr akzeptieren will und aufsässig wird. Straßenjunge - *street arab* - ist eine politische Leidenschaft, die einer sehr starken Hand bedarf. Wenn die nicht da ist, im Zweifelsfall nie *nil* oder *zero* sagen, sondern einfach *really* und die Betonung mit einem leichten Fragezeichen versehen, sodass die Glaubwürdigkeit des Gegenübers in Mitleidenschaft gezogen wird.

Elfenbein wird - wie Porzellan und Koks - *weißes Gold* genannt. Vor ungefähr 13 Jahren gab es auf dem *Isemark*t in Hamburg einen Verkaufsstand mit einem attraktiven *Mango*angebot. Die schwarzgelockten *Mango*verkäufer warteten gleich am Anfang zum Eppendorfer Baum hin mit ihren süßen Früchten auf. Auf Nachfrage erfuhr ich, dass die *Mangos* aus der westafrikanische Republik *Elfenbeinküste* kamen - *Ivory Coast* oder *Côte d'Ivoire*.

Nach dem Webster's stammt das Wort *mango* von *monger* und *monger* ist ein Betrüger, ein Händler von Hehlerware, besonders in sogenannten *compounds*, wobei im *Webster's* für *compound* der ganze begriffliche Humus für Illegalität und Kriminalität zu finden ist. Der *Cassell's* ist – teilweise – weniger dramatisch und bietet ganz sachlich ein umzäuntes Gelände an, was ein Wochenmarkt darstellen kann. Die jetzigen *Mangos* kommen oft aus

Peru oder *Mittelmeerländern*, wie auch *Avocados* oft aus *Peru* oder *Mittelmeerländern* kommen. Die Pflücker sind - wie bei uns - oft keine Einheimischen, sondern Migranten ohne Asylanträge. Wie vor etlichen Jahren ein *Hinz und Kunzt* - Verkäufer im sogenannten alten *Pöseldorf Center* gegenüber vom sogenannten *neuen Pöseldorf Center* auf der anderen Seite der *Milchstraße*.

Der *Hinz-und Kunzt*verkäufer kam aus dem Hinterland Rumäniens, wie ich verstand. Er brachte eine Zeitung mit Fotos mit, wie er und Kollegen nach vollendeter, tatkräftiger Arbeit in der Heimat ankommen. *Crowdfund* hätte man die Szene in Anlehnung an *crowd* nennen können, was von Engländern wie Amerikanern gebraucht wird, um eine undefinierbare Menge zu bezeichnen. Den Mann aus dem *Pöseldorf Center* konnte man in der *crowd* gar nicht sehen. Er lachte, als ich ihn auf dem Zeitungsbild suchte und nicht fand. Er war sehr beliebt bei den Passanten. *Die Hinz- und Kunzte* gingen weg wie geschnitten Brot. Er dürfte ganz ordentlich verdient haben. Dann brachte er seine Frau mit nach Hamburg ins *alte Pöseldorf Center*, die er an seine Stelle stellte. Er selber ging auf den *Zwutsch*, was von *zwitschern* kommt. Manchmal war auch die kleine Tochter dabei, die eine ungesunde, graue

Gesichtsfarbe hatte, wie auch nach und nach die Frau, während der Mann auf einer der Bänke im *Pöseldorf Center* einen seiner Räusche ausschlief. Die Leute trinken und rauchen gerne und viel, aber sie vertragen nur wenig.

Nach *Webster's Monetary Units of all Nations* (the exchange rates in this list are unofficial.) war das Equivalent zu einem Dollar in Germany, East .0403 pfennig, in Germany, West 0,44 pfennig, in Poland der

Zloty 0.53 grosz, in Romania der leu 0.205 ban, in Bulgaria der lev 1.15 stotinka und in Mongolia der tugrik 0.305 mongo. In Israel: one pound .11 agora. *Hat er Leu, Lev, ban oder stotinka versoffen?*

Ich taxiere *stotinka*. *Sto* heißt hundert.

Von meinem Blackberry (genus rubus)

Geändert: Do 19.04.2012 18:27
29. Juni 2011
Hohe Duene
Hohe Duese
Duse
Die Rosen aus Regelzucht mit polierten Dornen. **Desinfektionsmittel gegen** Stiche an **der Rezeption.**
Gegen **Rezeptoren. Gegen** Tore, Tueren Tor. **Ich. Manchmal. Wenn der Schluessel** nicht passt.

Pfirsichhaut **und Samtmelba.**
Mielbar. Barer Honig. **Rein** und **geschleudert.**
In die **Gruetze** hauen, **nicht** in den Honig. **Honigstrafe!**

Papirossi - Albatrossi

Angaben zu Staaten der Sowjetunion fehlen in *Webster's Monetary Units*, sodass davon auszugehen ist, dass es sich um eine Tabelle handelt, die tatsächlich *unofficial* war und nicht *inofficious*. *Official* mit dem Prefix *un* statt *pan* ist im *Websters* unter ferner liefen zu finden, was genauso gut *unter der Hand* heißen könnte. *Inofficious heißt unrechtmäßig*, besonders auch im juristischen Sinn.

Zitatanfang: showing neglect of moral duty: said esp. of a will that unreasonably deprives an heir of his just inheritance Zitatende.

Auch *heritage* und *inheritance* müssen einer gesonderten Untersuchung unterzogen werden. In amerikanischen – und auch britischen – Auktionskatalogen wird öfter von *heritage* gesprochen, wenn es sich um den Nachweis handelt, wem das eingelieferte Objekt gehört hat. Gemeint ist lediglich der letztbekannte Besitzer. Nicht einmal Eigentümer. Es ist von Bedeutung, sich die Übersetzung im *Cassell's* anzugucken, wo zwischen leiblichem und mutmaßlichem Erben unterschieden wird. Ohne leibliche Erben heißt: *without issue*. Außerdem ist zu beachten, dass es sich bei *Erbe* auch um Erbschaften, Güter handeln kann, die mit *heritage* und *inheritance* bezeichnet werden. *Tamburlaine* ist ein Drama mit erheblichen Erbschaftsfragen, die bis in den heutigen Tag Einzelpersonen, Clans und Völker bewegen, weil die Verfasser unseres Grundgesetzes etwas ganz anderes vorsehen als im *Cassell's* angegeben ist:

Zitatanfang:

Nat. Soc. Usage combined the biological concept of inheritance with the legal one of heritage. Pride of race and pride in landed property blended and supported each other. In compounds it is nowadays often

difficult to isolate and identify the connotation.
Zitatende.
Es ist nach *connotation* keine Klammer (bracket) vorgesehen.
Die *Rroma* haben - auf den ersten Blick - *mos* statt *pan* als Prefix, jedoch als Wort mit Alleinstellungsmerkmal *paní* - Wasser -, dessen Bedeutung schon in Urzeiten von Siedlern und Eroberern geschätzt wurde. Gehen wir davon aus, dass *Tamburlaine Skythe* war, so werden wir seine Nachkommen in der

Nähe von Wasser und bewaldeten Bergen auf dem Balkan finden. Sollte *Tamburlaine Türke* gewesen sein, so war die *Türkei* groß genug, um die Verwandten aufzunehmen. Sollte *Tamburlaine Mongole* gewesen sein, sind die Chancen ihm zu begegnen in *Indonesien* genauso groß wie im alten *Pöseldorf Center* in Hamburg mit *Türken, Kurden, Italienern, Chinesen* und Völkern *Südamerikas*. *Feliz navidad*. Wer kennt den Großsegler der christlichen Seefahrt nicht?

Am größten ist die Wahrscheinlichkeit eines Wiedersehens mit *Tamburlaines* Nachfahren in *Ägypten*, wenn man dem *Webster's* vertraut, was zu einem hohen Prozentsatz angezeigt ist. Man kann auch *Marlowe* vertrauen, der *Tamburlaine* mit einer ägyptischen Prinzessin glücklich werden ließ. *Gypsy*, Zigeuner, so der *Webster's*, kommt von *Egypt*, Ägypten. Und das, obwohl Ägypten bei Ägyptern gar nicht Ägypten oder *Egypt*, sondern *Misr* heißt. Dort heißt der *gypsy* nicht *Rrom* oder *Sinto* oder *street arab*. Er ist es. Manchmal.

***W**ong* - richtig *wong* gesprochen, aber *won* geschrieben, ist *Koreanisch*. Die Währungstabelle aus dem *Webster's* stammt aus dem Jahre 1978. Die Tabellen aus den Jahren 1953-1968, also aus Zeiten von Pearl S. Buck, könnten davon abweichen. Es gilt zu berücksichtigen, dass 1953 von den Westalliierten konfiszierte und entnazifizierte Firmen zurückgegeben worden waren, zurückgegeben wurden oder bis auf weiteres in Händen der Engländer, Amerikaner und Franzosen in der Bundesrepublik Deutschland blieben, und in der DDR nach sowjetischen Vorstellungen arbeiteten. Der *Webster's* wie auch die nordische Kombination, der *Cassell's*, wurden von eben solchen Firmen für die Kommunikation mit ihren amerikanischen und englischen Muttergesellschaften und deren Niederlassungen genutzt. Genau das macht sie besonders, da es gilt, die alphabetische Ordnung richtig einzuschätzen. Im *Webster's* sind 1. Nordkorea und 2. Südkorea angegeben. Die USA waren im koreanischen Bürgerkrieg als Folge des Zweiten Weltkrieges stark involviert. Nach der vorliegenden Tabelle hatte in Nordkorea ein Won 0.97 chon und ein Won in Südkorea .002 jeon.

Wenn man davon ausgehen will, dass *W* vor dem *Ong* ein mathematisches Zeichen ist, weil es graphisch oft als doppeltes *U* dargestellt wird (gesprochen: *double you*), kann daraus ein schönes Kapital werden.

Siehe *Webster's*:

Zitatanfang:

W,w ,…pl. *W's, w's*

The twenty-third letter of the English alphabet: its sound was represented in Anglo-Saxon manuscripts by *uu*…

Zitatende.

Es folgt eine historische Abfolge, bis und ab wann der Buchstabe galt, wobei das Runenzeichen *wen* von hoher Bedeutung ist.

W, *w* steht für watt, watts und auch für warden, warehouse, weight, width, *won*.

Außer *Suzy Wong* arbeitete in dem *neuen Pöseldorf Center* das *argentinische* Generalkonsulat. Der Generalkonsul in den 90iger Jahren war ein Charmeur, comme il faut. Er kam aus dem Paris Südamerikas, wie *Buenos Aires* genannt wurde und wird.

Argentinien hat den Namen seines Landes – im *Webster's* übrigens *Argentina* - zum ökonomischen Prinzip gemacht. Seine Währung ist chronisch weich, was auf einen hohen Silbergehalt schließen lassen könnte. Man könnte beinahe von *Quecksilber* sprechen, das im Englischen *quicksilver* heißt. Dazu gibt es im *Cassell's* den Zusatz *mercury*, eine bemerkenswerte Liason mit Gott *Merkur*, dessen Fittichen seines Helmes der Handel wie auch Wandel anvertraut sind. *Pan*, der Sprössling von *Merkur* (*Hermes*), ist der Joker von allen und allem für alle und alles.

Für *quicksilver* bietet der *Webster's* die altenglische

Sprachresource *cwicseolfor* oder *cwicu* an. Es bedeutet, wie das Lateinische *argentum vivum,* lebendiges Silber. Auch die Verwendung des Buchstaben *Q,q bei quicksilver* dürfte nicht zufällig sein. Er ist eine Spiegelung des ihm vorangehenden Buchstaben *P,p* wenn man die Spiegelung von rechts nach links liest. Das führt zu einer Erklärung im *Webster's*. Dort heißt es, dass der 17. Buchstabe des englischen Alphabets von den *Phöniziern* zu den Griechen gekommen ist, wo er *koppa* hieß. Die Aussprache von *Q,q* in englischen Wörtern, so heißt es, ist zurückzuführen auf das *Arabische*, was den Weg von den *Phöniziern* über den gesamten Mittelmeerraum bis tief in den Maghreb beschreibt. Ein *Q, q* steht in der geschriebenen Sprache immer mit einem darauffolgenden *u*. Zusätzliche Bedeutungen gibt es im *Cassell's*. Ein *Quart* sind 1.2 Liter, und *q* ist die Abkürzung für *Quadrat*. Man könnte sagen, dass *Q* oder *q* die Abkürzung überhaupt ist, sodass es kaum etwas gibt, was ohne *Q* oder q auskommen kann. *Pan* – Arabisch im Quadrat, auch als Kubus bekannt. Oder *kgs*, die sich aus 10 im Kubik errechnen. So der *Webster's*. *Auf die Kubikzahl* erheben heißt im *Cassell's* sehr sybillinisch *raise to the third power*.

Vernuschelt heißt Argentinien *Agentinien*. Wir sind dabei mehrere *Quart* zu verschlucken, wenn darauf hingewiesen wird, dass sich nicht nur *Henri Cartier-Bresson* mit berührenden Tangobildern - er führt, sie verführt - aus den Tiefen einschlägiger Lokale meldet, sondern auch *Christopher Marlowe*, der 1593 im Alter von nur 30 Jahren im englischen *Deptford* ermordet wurde, ein Tod, der *Cartier-Bresson* erspart blieb. Sowohl *Marlowe* als auch

Cartier-Bresson sollen politische Agenten gewesen sein, wie es in dem erwähnten Nachwort in *The decisive Moment* mit Bildern von *Henri Cartier - Bresson* auf der rechten Klappe des Buches *Tamburlaine the Great* zu lesen ist, das den Untertitel hat: *who from a Skythian Shephearde, by his rare and woonderfull conquests, became a most puissant and mightye Monarque.* Der *Webster's* bietet unter *monarch* eine Herkunft aus dem Griechischen an, was eine Alleinherrschaft beinhaltet. Eine französische Schreibweise ist erstaunlicherweise im *Webster's* nicht bekannt, obwohl *monarque* sogar im überarbeiteten *Dictionnaire Lilliput Larousse* Französisch - Deutsch, Deutsch - Franzöisch aus dem Jahr 1943 als Begriff angegeben ist, der aus *Mon* und - gesprochen - *ark* bestehen, was auf einen Monarch als Wirt auf Zugvögeln schließen lassen könnte. Das Volk der *Mon* in Südostasien sollte jedoch auch in Betracht gezogen werden, da Frankreich in *Indochina*, wozu auch *Kambodscha* gehörte, Kolonialmacht war. Dazu sollte man sich den Hinweis auf den griechischen Hintergrund merken, wenn man die Gedankenwelt von *Tamburlaine* erfassen will. Er musste die Entwicklung beobachtet haben und besetzte die ganzen Küsten Indiens – inklusive *Baroda*. Dann dehnte er sein Reich bis nach Südostasien und Arabien aus. Und das, obwohl er im *Webster's* auch

Timur, the lame genannt wird. *Lame* muss jedoch nicht unbedingt als lahm verstanden werden, wenn man in Betracht zieht, dass im Zentralasien *Tamburlaines* der *Buddhismus* auf lange Zeit stärker verankert war als der *Islam*. *Lame* kann jedoch auch an die antike Sage von *Hephaistos*, dem Gott des Feuers, der Schmiede und der Handwerker erinnern. Er stammte aus bester Familie. Seine Eltern waren die Spitzengötter *Zeus* und *Hera*.

Hephaistos kam lahm zu Welt und wurde von seiner Mutter *Hera* auf die Erde geschleudert. Es fand sich zusammen, was nicht immer zusammengehört, aber im Orient des Hinduismus und Buddhismus mit allen davon abstammenden Glaubensströmungen genauso verehrt wird: ganz oben und ganz unten. Der verstoßene Sohn fühlte sich angespornt, der beste Schmied zu werden, wenn er schon kein Gott war, den die Frauen liebten. Es gab beinahe nichts, was er nicht hätte schmieden können, außer Treue. Dafür hätte er Gold- oder Silberschmied werden müssen. Um das Manko auszugleichen, schmiedete er den Wagen des Sonnengottes *Helios* und fesselte seine Mutter *Hera*, die ihm seine angeborene Lahmheit verübelt hatte, mit unsichtbaren Banden an den Thron (*Manfred Lurker*: *Lexikon der Götter und Dämonen*, 1989 Alfred Kröner Verlag in Stuttgart, woraus dann vermutlich die Vorstellung von einem goldenen

Käfig entstand, in dem es sich einigermaßen privilegiert vegetieren lässt. Man fühlt sich an *Pan* erinnert, der aus einer weniger edlen Verbindung als *Hephaistos* entstammte und deswegen wohl für *Tamburlaine* nicht als Vorbild genommen wurde, obwohl ihm vom Wesen und als ehemaligem Schäfer *Merkur* als Gott der Weiden und *Pan*, sein zügelloser Sohn, näher waren.

Wir werden uns *Pan* auch merken müssen, wenn es um Massenbewegungen wie *Panna-cotta* geht, die manchmal als geschmackliche und gesellschaftliche Revolutionen über die Menschheit kamen und noch versuchen zu kommen. *Masses*, also der Plural von *mass*, ist nach dem *Webster*'s eine große Anzahl von *working people*, wobei es sich um *lower classes in the social order* handelt.

Der *Cassells's* ist – im Vergleich zu den *1692* Seiten des *Webster's* - nur *619* Seiten umfänglich, aber in nordischer Kombination. Er ist nicht minder inhaltsschwer und wenig wissenschaftlich als der *Webster's*, wenn es um den Begriff *Masse* geht und versteigt sich dahin, Massenmord als *wholesale murder zu bezeichnen.* Entsprechende Berichte sind aus dem KZ *Auschwitz-Birkenau* überliefert, das von den Sowjets befreit wurde.

Deuce.

Chapels.

Tamburlaine the Great war ein *wholesale murderer*. Einer von nicht wenigen.

Das Verständnis von Durchsetzung definierter und undefinierter Machtansprüche basiert auf *Schach* als der Reinheit des Denkens und Handelns und nicht so sehr auf dem Glück beim *Würfeln*. Das fiel nicht allen leicht. So war *Schach* auch nicht ein Spiel für die breite Masse. Es war eine *indische* Erfindung auf der Basis hinduistischer Hierarchien.

Dazu: *Hermann Goetz INDIEN – fünf Jahrtausende indischer Kunst* (Holle Verlag

Baden-Baden 1964): In der Oberschicht der Indus- und Harappa-Kultur des Industals und des *Punjab* vom 3. Jahrtausend v. Chr. bis ca. 1400 nach Chr. bestanden kulturelle Beziehungen zu Sumer und den Hochländern des *alten Orients*, die - so *Hermann Goetz a.a.O.* - über eine primitive, noch auf steinzeitlicher Stufe stehende indische Arbeitermasse herrschte. Demnach wurden sie von dieser arischen Oberschicht verdrängt und entwickelte eine eigene

Hindu - Kultur in *Nordindien*. Die arisch-indische Kultur von ca. 1200 v. Chr. bis 770 n. Chr. durchlief demnach den Weg vom *Halbnomadentum* der barbarischen Arayas, Verwandten der *Iranier* und der Mitanni im oberen *Iraq*. Danach waren Nordindiens Invasoren *Griechen*, Parther, *Skythen*, Kushanas, *Weiße Hunnen*. Ob es dabei um Edelweiß handelt - Edelweiß gibt es nicht im Plural - darf gerätselt werden. Sicher ist, dass verschiedene religiöse und gesellschaftliche Bewegungen entstanden. Die Aristokratie wandte sich dem *Monotheismus Vishnu – Krish-nas* zu, die Bevölkerung der Dörfer *Siva*, der in dem vedischen *Sturmgott Rudra* wiederzufinden ist und dem Fruchtbarkeitskult geweiht ist. Eines der bedeutendsten Reiche der Zeit waren das der *Guptas*. Die Götter zeigten sich den Menschen *wesensgleich*. Die Gesetzgebung wurde durch *Stupas* manifestiert, die im ganzen Land aufgestellt wurden.

Zitatanfang:

Den Süden erschütterte eine ähnliche Umwälzung: der Aufstieg von bisher *obskuren Stämmen*. Auch dort wurde die *kapitalistische Mittelklasse* zwar nicht vernichtet, aber einer starken Militärmonarchie untergeordnet…

Zitatende.

Es ist von einer Entwicklung die Rede, die nach der Unabhängigkeit von den Engländern in die Staaten *Islamische Republik Pakistan* und *Indische Union (Indien)*, dann in die *Islamische Republik Westpakistan, Islamische Republik Ostpakistan* und *Indische Union (Indien)* und schließlich in die *Islamische Republik Pakistan, Islamische Republik Bangladesh* und *Indische Union (Indien)* mündete, wobei die Maßstäbe für eine *Mittelklasse* ganz entschieden anders sind als bei uns, was in der Natur der häufigen, aus sich heraus generierten Änderungen von Staatsgrenzen und dann notwendigen außenpolitischen Anpassungen zu suchen ist. Die sogenannte deutsche Frage und deren Lösung durch eine Wiedervereinigung mit Stärkung des einst als typisch deutsch bewunderten Mittelklassepolsters, die inzwischen mehr und mehr zu einer Frage der Deutschen geworden ist, war für den indischen Subkontinent als Vorlage völlig unbrauchbar, vielleicht sogar abschreckend, wie vor rund 20 Jahren für die Südkoreaner. Interessant ist jedoch, dass überhaupt von einer *Mittelklasse* die Rede ist, die sowohl *Pakistan*, als auch *Bangladesh* und sogar *Indien* abgesprochen wurde und von Deutschland noch immer wird.

Im *Cassell's* ist unter *Mittel* viel zu finden, was auf Prosperität und Verteilung von Gütern anwendbar wäre. Das Schlüsselwort scheint *means* zu sein. *Middle* wird lediglich für *middle-clas-ses* angewendet, was die schulische Bildung bis zum 14. Lebensjahr umfasst, während der *Webster's* sehr bestimmt die Bandbreite angibt, in der sich eine sogenannte *middle class* befindet:

Zitatanfang:

The social class between the aristocracy or very wealthy and the lower working class: people in business and the professions, highly skilled workers, well-to-do farmers…

Zitatende.

Means ist bei *Webster's* ähnlich, jedoch bei weitem nicht so extensiv erklärt wie im *Cassell's*, der nordischen Kombination,wo sich einiges mehr oder weniger versteckt wiederfindet, was aus den Weltkriegsjahren und davor stammt. So heißt *mean* unter anderem *vulgär*, *gemein*, aber ist als *Verb* ein Wort von Oberhoheit. Es umschließt sämtliche *Bedeutungen*.

Zum besseren Verständnis Indiens und einer Völker

aus dem Buch von *Hermann Goetz a.a.O.*:

Zitatanfang

Die Hindu-Kultur des Mittelalters… bis 1326 n. Chr….begründete ihre Herrschaft mit einer Bewegung, die man als Gegenreformation bezeichnen kann. Die neuen Gebieter waren von *sehr gemischter Herkunft*, echte Mitglieder der alten Aristokratie… und fremden Truppen (*Skythen*, *Hunnen*, Gurjaras, Stämme aus dem *Dekkhan*).

Mit den *Skythen* sind wir wieder bei dem historischen *Tamburlaine* angelangt. Er wird im *Atlas der Weltgeschichte a.a.O.* als eigenbrötlerisches Oberkommando von ihm hündisch Ergebener bezeichnet. Diese Einschätzung hat *Marlowe* wohl geteilt und dramaturgisch verarbeitet. Eroberer wie *Tamburlaine* brachten nicht nur Krankheiten, sondern auch fremde Maße, Gewichte und Zahlungsmittel mit, die zum Einsatz kamen und die vorherrschenden Maße, Gewichte und Zahlungsmittel allmählich - sehr sehr allmählich - verdrängten. Zudem hatten die Eroberer eine besondere Zeitrechnung in ihrem Gepäck. Wir gucken dazu mal wieder in den anderen *Webster's*, *Die ganze Heilige Schrift* (Privileg. Württ. Bibelanstalt Stuttgart), wo das *Alte Testament 789* Seiten umfasst. Die sogenannten *Apokryphen* sind nicht darin enthalten, *Martin Luther* setzte sie nicht mit der *Bibel* gleich, fand sie aber nützlich zu lesen und übersetzte sie deswegen. Das muss mit Vorsicht genossen werden, wie man inzwischen weiß. Sein Latein, erst recht sein Altgriechisch und Hebräisch, sind manchmal von der Schwergewichtigkeit eines als Umgangsdeutsch daherkommenden Fachdeutsch. Man kann es mit *Pan-Deutsch* vergleichen, wie im *Cassell's*, der nordischen Kombination, ein sogenanntes *Alldeutsch* genannt wird, das als Sprache zu verstehen ist, die – wie einst Griechisch und Latein – überall dort verstanden wurde, wo zwar - wie im *Cassell's* - zwischen *Old* und *New Testament* unterschieden wird, aber bei *ohne Testament sterben* eine sehr nachdenklich stimmende Vokabel ins Spiel gebracht wird: *intestine*. Guckt man bei *intestine*, findet man neben einigen Hinweisen auf *Gedärme* einen *intestine war*, der mit *Bürgerkrieg* übersetzt wird. Es fällt nicht leicht, den Übergang vom *Verdauungstrakt* zum *Bürgerkrieg* zu finden. Der *Webster's* hilft. Dort wird *intestine* mit *internal, with regard to a country* or *community; domestic; civil* erklärt und die *Darmgegend* als *lower part of the alimentary canal* beschrieben. Die zweite Erklärung könnte ebenfalls zu einem *civil war*, einem *Krieg* von Bürgerinnen und Bürgern gegeneinander, führen, der oft vor den Familiengerichten nach der *Düsseldorfer Tabelle* ausgefochten wird, wenn er ordnungsgemäß und nicht im Freistil nach der Regellosigkeit von einem Spiel ohne Grenzen innerhalb staatlicher Grenzen geführt wird. TV - Dschungelcamps sind als Beispiele nicht geeignet.

Das *Neue Testament* der des ganz ordentlichen, jedoch nicht perfekten Lesens und Schreibens der griechischen und lateinischen Sprache kundigen Apostel *Johannes*, *Matthäus*, *Markus* und *Petrus* umfasst in der vorliegenden *Heiligen Schrift* nach der Übersetzung von *D. Martin Luther 259* Seiten, worin auch Kommentare wie die *Offenbarung* enthalten sind. Es folgt ein Anhang von *13* Seiten ohne Landkarten. Einzelne Sach- und Worterklärungen könnten zur Verwendung heute noch interessant sein. So ist ein *Beisaß*, wer in einem *fremden Land ohne Bürgerrechte* lebte. Zu *Baal*, dem im heutigen *Libanon* verehrten Gott, gibt es mehrere erhellende Hinweise. Er wurde auch *Bel* genannt. Im *Hebräischen* gab es sogar einen Plural für die vielen Gestalten des *Baal*, so die vorliegende *Bibel a.a.O.* Das waren *Baalim.* Diese Erkenntnisse der Autoren des Anhangs zu der vorliegenden

Bibel a.a.O. dürften sehr viel späteren Datums sein als die sprachlich etwas fehlerhaften griechischen und lateinischen Überliefe-rungen aus der Zeit der – von der Abstammung her - jü-dischen *Apostel*, da das *Alte Testament* nicht in der für Juden Heiligen Sprache *Hebräisch* verfasst wurde und seine Gesetze und Kom-mentare in angepasstem *Heb-räisch* eine Sammlung ist, die bis zum heutigen Tage wächst. Trotz aller Beden-ken ist es merkenswert, dass der *Baal - Sebub* der *Herr der Fliegen* war. Später wurde daraus Beelzebub. Die *Pita*, so die vorliegende *Bibel a.a.O.*, die ein Fladen aus Mehl und Wasser ist, könnte ein *Aschenkuchen* gewesen sein und *Aufsätze* waren mündliche Überlieferungen. *Gera* war keine Stadt, könnte aber auf der Basis gegründet worden, wie sie in den Erklärungen des Anhangs der *Bibel* a.a.O. beschrieben wird: der *20. Teil* des *hebräischen Lots*, nicht ganz ein Gramm; so viel war ungefähr *12 Pfennig* wert. Es muss sich bei *12 Pfennig* um eine Münze gehandelt haben. Ebenfalls unklar ist, wann es wo Silberpfennige in Deutschland gab. Zur Zeit der Drucklegung der hier zitierten *Bibel* aus den 50iger *Jahren*, also der Zeit der Erstveröffentlichungen vom *Cassell's* und vom *Webster's* und dem 3. *Reprint* von *Christopher Marlowes Complete Plays* nach 1946 und 1950, waren Kupferpfennige im Umlauf. Der *Groschen* im

Alten Testament wird als Geldstück von unbekanntem Wert beschrieben, im *Neuen Testament* wird er einem *römischen Denar* gleichgesetzt, der einen Wert von 75 Pfennigen hatte, während ein *Goldgulden* mit einem *Lot Gold* gleichgesetzt wird und sonst einer *persischen Darike* im Wert von 23,5 *Mark*. Auch das wohl zur Zeit der Drucklegung der vorliegenden *Bibel* aus den 50iger Jahren der *Bundesrepublik Deutschland* und der *DDR*. Die *griechische Drachme* war demnach der Wert eines *Groschens* oder von *75 Pfennig* zur Zeit der Drucklegung der vorliegenden *Bibel*. Um die volks- und betriebswirtschaftlichen Fähigkeiten von Theologen unter Beweis zu stellen, sind auch Angaben zu *Zentner* gemacht.

Zitatanfang:

Zentner, ein Gewicht, das 60 Minen oder 3600 hebräische Lot hatte (Hesek. 45,12), nach unserem Gewicht fast 59 Kilogramm. Als Geldsumme hat der (ein?) Zentner aber nur

3000 hebräische Lot (2.Moses 38,25,26) und ist in Gold ungefähr 135000, in Silber 7500 Reichsmark wert. In Matth. 25,15 ff. ist ein griechisches Talent im Wert von etwa 4700 Mark gemeint.
Zitatende.
Die Mischrechnung überrascht etwas, könnte aber vielleicht über den *Webster's* mit seinen Umrechnungstabellen noch geklärt werden. Und auch der *Cassell's* hilft. Dort wird das *Lot* nach archaischer –

nicht explizit hebräischer - Rechnung mit *10 Gramm* angegeben und auf die englische Übersetzung *perpendicular* verwiesen, was sowohl senkrecht, als auch lotrecht heißt und mit (to, auf Dat.)) gebildet wird. Es gibt nach *Cassell's* analog dazu Senkrechte als auch *Lotrechte*, das *Senklot* und auch die *Senkwaage*. Die genauen Berechnungen müssten wohl mit entsprechenden Instrumenten vorgenommen werden und könnten schon damals ein Politikum gewesen sein. Es ist außerdem zu hinterfragen, was im zitierten Anhang der vorliegenden *Bibel* gemeint ist, wenn davon die Rede ist, dass *sonst* der *Goldgulden* der *persischen Darike* gleichgesetzt wurde, wo doch allein der *Goldgulden* schon mehrere Fragezeichen nach sich zieht, da zur Zeit des von den vier maßgeblichen Aposteln geschriebenen *Neuen Testaments* weit und breit nichts von Gulden bekannt war, sondern erst sehr viel später, etwa zur

Zeit der *Reichsmark*, von der die Rede ist, dann allerdings weit über die Grenzen der Niederlande hinaus.Im *Dictionnaire Lilliput Larousse a.a.O.* ist der *Gulden* – phonetisch *goul* – mit *Florin* vermerkt, wie die niederländische und auch ungarische Währung noch weit in die 70iger Jahre hinein in Handelsunternehmen bezeichnet wurde. Die Abkürzung für den *niederländischen Florin* war *Hfl.(holländischer Florin)*, später *Nfl.* *(niederländischer Florin)*. Nach dem *Webster's* war der *Gulden* – auch *Guilder* – im Jahre 1978 noch in den *Niederlanden* und in *Surinam* gültig. Der *Webster's* verrät über den *Florin* mehr als über den *Gulden* oder *Guilder*. So soll es 1252 eine Goldmünze im mittelalterlichen *Florenz* gegeben haben und auch eine *britische Münze* im Wert von *2 Schilling* mit der Bezeichnung *Florin* gegeben haben. Ansonsten gilt die

Bezeichnung *Florin* für verschiedene Silber- und Goldmünzen in *Europa* und *Südafrika.*

Rand adé? Wer hat während der *Apartheid* wie seine Bilanzen aufgemacht?

Die *Reichsmark* ist im *Cassell's*, der nordischen Kombination, mit *German mark,* stabilized currency (*after 1924*) angegeben. Ob wirklich die Inflations Billionen auf immer größeren Papierscheinen gemeint sind oder die Anleihen aus der Zeit des Deutschen Reiches um 1912 in *Goldmark*, sei dahingestellt.Interessant ist im *Cassell's* in der Nachbarschaft von *Reichsmark* das *Reichslehen*, was mit *fief of the empire* angegeben wird und damit tief ins Anglo - Friesische eindringt. Es gibt nicht nur in Hamburg eine Straße, die *Fiefstücken* heißt, wo wohl nicht die Straße, sondern das ganze Grundstück *Lehen* des Reiches war, das im Kataster erfasst wurde und später im Zuge von Bodenreformen und Reformen von Bodenreformen neu bewertet und veräußert wurde.

Im *Dictionnaire Lilliput Larousse a.a.O.* ist zu *fünf* besonders der fünfte Juni erwähnt. Er heißt le *cinq juin* und bildet damit grammatikalisch eine Ausnahme. Bei *fou* ist er genauer. Es wird voll durchdekliniert: *fou, fol, folle*. Die Bedeutung: *excessif*.

Das Volk Israel war – wie in der vorliegenden *Bibel a.a.O.* geschildert - vor allem von dem in Vorderasien herrschenden babylonischen System abhängig. Demnach war bei den Längenmaßen das Hauptmaß die *Elle*. In *Hesekiel 40 ff*. in der vorliegenden *Bibel a.a.O.* geht es fast nur um *Ellen.* Erstaunlich ist, dass im Anhang der vorliegenden *Bibel a.a.O.* nicht von den genannten *Ruten* als Maß gesprochen wird, die nach Fertigstellung der heiligen Stadt achtzehntausend betragen haben sollen. *Ell* soll an das arabische, aber auch hebräische *El* erinnern. Es gibt sogar einen *Ellenhandel*, der mit *draper's trade übersetzt wird*, womit die Spekulation eröffnet werden kann, was *Tamburlaine* mit seinen Zelten gemacht hat. Noch heute werden Zelte in *Usbekistan* - ungefähr die Gegend, woher *Tamburlaine* kam - mit Decken geschmückt und auch warmgehalten. Im Speicher - *warehouse* - der *Usbeken* in der Hamburger Speicherstadt - sie ist *UNESCO Weltkulturerbe* - konnten noch vor etwa 20 Jahren herrliche Exemplare erworben werden. Die Motive des einen *rug*, den ich mit quittierter und gestempelter Rechnung erwarb, sehen in Farben und Formen Gemälden von *Henri Matisse* ähnlich, der sich von Textilien und Teppichen des *Maghreb* hatte inspirieren lassen. Im *Webster's* wird *rug* auf das skandinavische *rug-ga* und *rugg* zurückgeführt. Beides bezeichnet Vorleger aus grobem Naturmaterial.

Der *Cassell's*, unsere sogenannte nordische Kombination, ist weitgehend mit dem *Webster's* in Übereinstimmung, weist aber auch noch auf Wollstickerei hin, die als *rug - work* bezeichnet wird, was bei den beiden usbekischen Exemplaren der Fall ist. Man könnte bei beiden von *Bel Rug* sprechen. Aber schauen wir, was der *Webster's* noch zu *ell* sagt. Er ist bei *Ell* und *Elle* gründlicher als der

Cassell's. Es gilt allerdings zu beachten, dass er die anglo - amerikanische Seite vertritt und nicht die sogenannte nordische Kombination. Demnach ist *ell (el)* ein *L-shaped joint of piping and tubing* und *an extension or wing at right angles to the main structure*. Zu *ell, (ME: elle, olina* oder auch *ulna) arm, elbow*, wobei sowohl *arm* als auch *elbow* einen militärischen und nicht nur anatomischen Zusammenhang haben könnten. Es wäre an *el-bow* zu denken. Als Längenmaß für Tuch werden für eine *Elle* 45 *inches* angegeben oder das Equivalent dafür in anderen europäische Maßeinheiten. Außereuropäische sind offenbar nicht in Betracht gezogen worden. Dabei unterschied man - so die zuvor genannte *Bibel a.a.O.* - zwischen der Elle in *Babylonien*, *Ägypten* und *Israel* wo es die kleinere und die größere *Elle* gab. In *Ägypten* war die große (königliche) *Elle* 52,2-52,8 Zentimeter, die kleine 45

Zentimeter und die *babylonische* große *Elle* 55 Zentimeter, die kleine 49,5 Zentimeter. Die kleine *Elle* zerfiel in 2 *Spannen*, die *Spanne* in 3 *Handbreiten*, die *Handbreite* in 4 Fingerbreiten. Der *Fuß* kommt in der vorliegenden *Bibel* im *Alten Testament* nicht als Maß vor, was verwundert. Vom *Hohen Priester, Pontius Pilatus* bis zu *Saul* und den *Aposteln* - alle trugen Schuhe oder zumindest *Chapels*. Die Literatur, wozu die *Bibel* im weitesten

Sinne gerechnet werden muss, wie auch die Kunst, haben gerade beim *Fuß* – oder Sockel - angesetzt, um starke Symbole zu vermitteln. So werden viele barfuß gezeigt, um sie demütiger zu zeigen als viele wirklich waren. Dazu *Manfred Lurker Wörterbuch der Symbolik* (1991 Kröner Verlag Stuttgart:

Zitatanfang:

Fuß, im *Alten Orient* und in der *Antike* Symbol der Unterjochung (vgl. Jos. 10,24)…Zur Bekräftigung des

endgültigen Sieges wird der Todfeind unter den Füßen zertreten (Röm.16,20)…. Den Fuß auf ein Stück Land setzen war Zeichen zur Besitzergreifung.
Zitatende.
Fuß und *Schuh* sind also *Rechtssymbole.* Man müsste die *FIFA* verstärkt darauf hinweisen.
Im Lexikon der Symbole von *Udo Becker* (Verlag Herder im Breisgau, Lizenzausgabe für KOMET MA-Service und Verlagsgesellschaft mbH.,

Frechen) wird bei *Fußabdruck* auf die Verehrungswürdigkeit von Auserwählten wie *Buddha*, *Christus* oder *Mohammed* hingewiesen. Becker spricht von *Menschen*, was in Hinblick auf die Bestimmung und die Auswirkung der Lehren von *Buddha*, *Christus* und *Mohammed* etwas untertrieben scheint. *Mose* steht auf einem anderen Blatt. Udo Becker merkt ferner an, dass der *Regenbogen* als *der Fuß des Herrn* aufgefasst wird, was metaphysisch ist. In der Kunst wird Gott als Allherrscher über einem Regenbogen dargestellt, was wenig mit dem hinreichend bekannten *Jimmy* zu tun hat, der zum Regenbogen ging, ohne *Jimmy* herabwürdigen zu wollen, obwohl man es vielleicht müsste. Dazu im *Webster's*: *Jimmy* (pl. *ies*) ist das Diminuitiv von *James*. Es bedeutet a short *crowbar*, used by *burglars* to try open windows, etc. *Jimmying* ist ebenso geläufig für das genannte Diebesinstrument. So gesehen müsste der Weltbestseller *Und Jimmy ging zum Regenbogen* von dem glühenden Nazifeind *Johannes Mario Simmel* unter juristischen Aspekten gelesen werden, selbst, wenn mehr als die Hälfte der romantischen Sentimente dabei flöten gehen.

Deuce.

Chapels.

Das *Dictionnaire Lilliput Larousse a.a.O.* :*Zig, zigue (zig)* Fam. Bursche. *Bon zig*, guter Kerl. *Zigeuner* heißt jedoch *tsigane*.

Was ist gemeint?

Zigfach ist im Umgangsdeutsch eine unbestimmte Nummer. Im *Cassell's* ist dazu kein Eintrag, aber ein Hinweis auf das *schweizerische Ziger*, was wiederum auf *Zieger* verweist, wo zu lesen ist, dass es sich um einen besonderen *Ziegen*käse handelt und nach einigem Hin und Her nicht die Ziege, sondern der Chef oder auch Führer aus dem Käse herauslugt.

Der Fußabdruck *Tamburlaines*: Berge von Totenschädeln. Es waren christliche Märtyrer, Sklaven und Gladiatoren aus allen Ländern und aller Religionszugehörigkeiten, die Rom unterjocht hatte. Zu sehen in den *römischen Katakomben.* Bei *Pol Pot*, dem *Khmer* aus dem französisch besetzten Kambodscha, einem Nachkommen von *Tamburlaine*, waren es politische Feinde aus Stämmen, die nicht zu den *Roten Khmer* gehörten. *Prinz Sihanouk*, der unter den

Franzosen in *Kambodscha* als König regierte und dessen Ahnen in *Angkor Wat* noch immer verehrt werden, hatte die Tragödie zu verhindern versucht. Er starb 2012 in Peking.

Chapels

Ein *chapel* wird von einem *V*-förmigen Band aus unterschiedlichem Material gehalten, das durch die jeweils ersten beiden Zehen hindurchgeführt wird. Ein *Chapel*träger hat dementsprechend zwei *V*, also ein *W* oder zwei *U*.

Der *Webster's:*

Avoirdupois Weight

1 dram or 27.34 grains = 1.772 grams
16 drams or 437.5 grains = 1 ounce
16 ounces or 7,000 grains = 1 pound = 453.59 grams
100 pounds = 1 hundredweight = 45.36 kilograms
2,000 pounds = 1 ton = 907,18 kilograms

Die Frage, ob *Hybris* eine Volkseigenschaft sein kann oder ein Defekt eines einzelnen mit infektiösen Eigenschaften ist, wie die sogenannten *Follower* von sogenannten *Influencern* befürchten lassen können, mag an ganz einfachen Beispielen nachvollzogen werden. Wenn angenommen werden muss, dass die *zig* Schmieds oder Schmidts in sämtlichen Abwandlungen und in sämtlichen Sprachen mit sämtlichen Abwandlungen von Hephaistos abstammen, nicht lahm oder lahm sind und sich der Könnerschaft des Metallschmiedens – durch die Macht des Denkens biegen statt schmieden gilt nicht - und Nähe zur Sonne rühmen, dann gibt es ein Problem. Vielleicht. Die Problemlösung könnte *Pan* sein. Dieses Mal nicht als *Ziege* oder *Ziegen*bock, sondern als *Union* Gleichgesinnter. Was zu beweisen wäre.

Tamburlaine a.a.O:

Zitatanfang:

Noble and mild this Persian seems to be,

If outward habit judge the inward man.
Zitatende
If – Wenn. Der Konjunktiv als Wendepunkt, nicht als Kaugummi oder auch Mastix.
Deuce.
Zum Zeitpunkt der Überlegung, wie er den *Perser* einschätzen soll, ist *Tamburlaine* noch ein *start-up* in Sachen Macht und entscheidet eingedenk der Erfahrungen von *Dschinghis Khan* und andere, die mit dem Unruhestifter *Persien* zu tun bekamen, nicht für, sondern

gegen den Angeklagten, als den er den persischen Gesandten trotz seines Diplomatenstatus sehen musste.

Geändert: Do 19.04.2012 18:27
5. Juli 2011
Nachtrag: statt Gnadenbrot Gnadenkaffee. Zivilisationskrankheit und Kollateralschaeden. Verzickt und zugequickt.

Wer niemals nach den Linsen fragte. Dal wie Dalli.
Stattdessen Aprikosen zum Kosen. Besser: zum Schmusen. Musen. Dazwischen alles Banane. Oder was?

Alle Uhren fuehren nach Rom

Wenn bei der Fusspflege Schlange gestanden wird. Was ist da angesagt? Auf dem Bauch kriechen und Erde fressen? Hunger ist also ein Fussproblem. Ein haariges dazu.

***T**amburlaine* zählte zu der Kaste der *Guerrillas* und *Rebellen*, die so heißen und es sind. Man könnte sagen, sie sind *Lobbyisten* in Sachen Macht und Machterhalt mit wechselnden Interessenbereichen. Der syrische Bürgerkrieg, einer der verlustreichsten Katastrophen dieses Jahrhundertquartals, ist dafür ein markantes Beispiel, dass *Conquistadores* und *Desperados*, Goldschürfer mit und ohne *pans* - Pfannen - oder Diamantensucher ohne Erfahrung im

Untertageabbau von Steinkohle genauso wenig ehrbare Soldaten sind wie *Tartuffe*, der Betrüger, den *Jean-Baptiste Poquelin* genannt *Molière*, der Meisterpoet am Hofe des französischen Sonnenkönigs Ludwig IV. - gesprochen im Genetiv - zum Anlass nahm, dem Hof den Spiegel vorzuhalten. Im *Dictionnaire Lilliput Larousse a.a.O.*, das für den Smalltalk mit Französinnen und Franzosen gedacht ist, findet man statt *Tartuffe tartufe*, was mit Scheinheiliger oder Scheinheilige übersetzt worden ist. Der *Louis d'or* war allerdings eine *Münze*. Nach dem *Webster's*: (Fr. gold louis: orig. after LOUIS XIII). … gold coin of varying value. Die Gültigkeit wird dann auf die Regierungszeit von Ludwig (Louis) XIII- Ludwig (Louis) XVI festgelegt. Danach wird im *Webster's* von einer goldenen Münze im Wert von 20 Francs gesprochen.

Tamburlaine a.a.O.:

Zitatanfang:
Whose power had share in this our victory;
And since the miscreant hath disgrac'd his faith,
And died a traitor both to heaven and earth,
We will both watch and ward shall keep his trunk
Amidst these plains for fowls to prey upon.
Zitatende

Bemerkenswert ist die Beurteilung von Verrätern und das hinduistische Sinnbild eines Baums, dessen Wurzeln gen Himmel gestreckt sind, um die Allmacht darzustellen. Ein *Luftwurzler* würden wir sagen und nichts oder nichts Gutes dabei denken, weil mit bei uns positiv belegtem Mittel, wie ein Baum es ist, symbolisch an den Sturz *Lucifers* erinnert werden soll.

Das Synonym *Beelzebub* für *Lucifer* kennen wir aus dem *Baals*-kult. *Lucifer* - auch *Luzifer* - ist kein Gott, sondern ein Engel, der zum Sinnbild des Bösen wurde, was sich in seinem Namen widerspiegelt, der aus Licht und Eisen - ein Produkt der Erde - zusammengesetzt ist. Das Drama *Tamberlaine the Great* schrieb *Marlowe* in seinen letzten Lebensjahren. Er lässt *Tamburlaine* die rein rhetorische Frage stellen, was für Kräfte an seinem Sieg wohl mitgewirkt haben. In voller Überzeugung selber der Größte zu sein, begibt er sich in sämtlichen Monologen und Dialogen in eine Spiegelfechterei mit Mächten, um sich noch einmal selber zu erhöhen. Seine Warnung könnte als „Rührt meine Schafe nicht an!" verstanden werden. Gemeint sind sämtliche Weideplätze der Erde und sämtliche Herden inklusive der Rinderherde des Sonnengottes Helios. Tatsächlich ist das Drama so angelegt, dass in Teil I alle damals anerkannten Reiche mit *Tamburlaine* zu tun bekamen, sodass er eigentlich auf eine Steigerung hätte verzichten können. Er war auf dem *Olymp* und wollte auf's *Dach der Welt*, das inzwischen die VR

China als Ausguck hat und damit *Tamburlaine* auf den Spuren bleibt, der den *Hindukusch* mit allen Sitzen der Götter sein eigen nannte. Ohne das *Dach der Welt* blieben seine Eroberungen Flickwerk, meinte er. *Botch* ist das Flickwerk, und auch die Beule. So der *Cassell's.* Im *Webster's* sind weitere Sprachbezüge zu *botch*. Demnach kommt *botch* als *boce* über das Ostfranzösische und als *boche* in dem in der Ostnormandie gesprochenen Französisch als *bocce* in das Mittelenglische, wird jedoch auch mit *boss* in Verbindung gebracht, was wir als *bosse* – *phonetisch bòs* – , der Buckel, im *Dictionnaire Lilliput Larousse a.a.O.* wiederfinden.Schauen wir mal in den *Webster's*, wo Verbindungen zu *boss* bestehen. *Boss* wird von *baas* abgeleitet und ist eine Authorität. *Boss* ist auch ein geologischer Begriff, der einen Felsen bloßlegt, was stark religiösen Charakter haben könnte. *Boss* ist – das ist besonders interessant für alle, die sonst von einer *silly cow* sprechen – ein Kosename für das weibliche Rindvieh. Im *Cassell's,* der sogenannten nordischen Kombination, ist *boss* nicht nur der Chef (Entscheidungsträger), sondern auch der Buckel eines Schildes, der Knauf eines Schwertes und Beschlag bei allem, was mit Beschlag belegt werden kann und muss. *Boss-rule* ist die *Bonzenwirtschaft.* *Tamburlaine* war ein *boss.*

Was tat sich in der Zeit von *Tamburlaine*,dem großen *carpetbagger*, in Europa und in Asien? Hatte er Grund so ungeniert aufzutreten? Dazu *Hermann Goetze a.a.O*:

Mittelmeer- und europäische Kulturen in ihrem Einfluss:

1400 Brunellesci, Massachio, Donatello, van Eyck, Ghiberti, Fra Angelico, *van der Weyden*

Indien

Timur von Samarqand hat *Delhi 1398 geplündert*.

Auf *plündern* steht die Todesstrafe! Der *Cassell's*

zählt zu *plündern plunder, pillage, sack; despoil, rob.* Man beachte das Semikolon hinter *sack*.

Der *Webster's* ist weitgehend in Übereinstimmung mit dem *Cassell's.* Unter *plunder* wird jedoch noch hervorgehoben, dass es *by force or fraud,* also durch Gewalt oder Betrug – besonders während kriegerischer Handlungen verübt wird. Der Vorgang wird als *act* bezeichnet. Es lässt darauf schließen, dass die Tat strafrechtlich – unter Umständen nach Kriegsrecht – verfolgt wird.

Die spanischen Künstler, die teilweise Nachfahren derjenigen aus den Tiefen Indiens waren, die von *Henri Cartier - Bresson* im Bausch und Bogen abgehandelt werden, und deren Geburtsdatum weniger wichtig war als das Taufdatum, arrangierten sich mit den Herrscherinnen und Herrschern. Das waren die katholischen Königinnen und Könige. Erst aus Wien, dann mit Wien. Habsburg überall. Die Militärakademie des bourbonischen Königreiches

Spanien für die Landstreitkräfte ist im ehemals sarazenischen Saragossa, was ein ziemlich großer Fuß im Land der ehemaligen Eroberer ist, die nie gingen, sondern sich immer neue Ausweichmanöver einfallen ließen. Im *Duden Fremdwörterbuch* (6. Auflage 1997) wird *Sarazene* als Ausdruck dreier Sprachen bezeichnet, deren einzelne Wortteile gewandert sind. Hier: *arab.- mgr. - mlat.* Mit *Sarazene* gemeint ist *Araber und Moslem*. Es muss nach dem

Sinn der Aussage gefragt werden, weil es durchaus *Araber* gab und gibt, die keine *Moslems* waren und sind. Sie wären dementsprechend keine *Sarazenen* oder vielleicht *weiße Sarazenen*, wie es auch *weiße Hunnen* gab. Gucken wir mal wieder in den *Casell's*,ob es eine kleine Überraschung gibt. Tatsächlich! Kein *Sarazene* auf den *619* Seiten zu sehen! Dafür *Sarraß*, *m* (-(ss)es,-(ss)e) *sabre*, *broadsword*, was beides Säbel heißt. Im *Cassell's* ist *Sabre* dazu im übertragenen Sinne ein Kavallerist. Fehlt uns noch der *Sarazene* im *Webster's* und im *Dictionnaire Lilliput Larousse* von *Émile Mersiol*, dem Professeur des *Lycée Louis-le-Grand*. Er heißt im *Webster's Saracen* und kommt sprachlich aus dem Griechischen. Im *Dictionnaire Lilliput Larousse a.a.O.* ist der *Sarazene* in der französischsprachigen Hälfte des Taschenlexikons ein *Sarrasin*, worauf gleich Sarre, das Saargebiet – nicht Saarland! - folgt. In der deutschsprachigen Hälfte ist kein entsprechender Eintrag, doch macht *Sarrasin* Sinn, da Französisch in einigen Teilen des südlichen Europas wie auch des Mittleren Ostens die erste Fremdsprache war und ist und dem *Webster's* Recht gibt, *Sarazene* als

…any member of the nomadic tribes of Syria and nearby regions zu beschreiben.

Nach diesen Erklärungen werden wie endlich fündig, um den *Duden a.a.O.* halbwegs zu verstehen. *Sarazene*

- *Saracen* - ist besonders während der Kreuzzüge die Bezeichnung für jeden *Araber* und jeden *Moslem*. Als Adjektiv heißt *Saracen Saracens* oder *Saracenic*.

Im *Duden a.a.O.* gibt es außerdem einen Hinweis auf *Sarazenenkorn*, sogenanntes *schwarzes Korn*, das als *Buchweizen* bekannt und geschätzt wird. Im *Dictionnaire Lilliput Larousse a.a.O.* heißt es *blé noir* - schwarzes Korn oder schwarzer Weizen - und ist mit einem Hinweis in Klammern versehen, der zu *moisson*, die Getreideernte, führt, die von hoher Bedeutung für alle ist, die sich länger in einem Land umschauen. Das Gefühl, das Taschenlexikon wäre nicht zuerst 1943, sondern 2022 in Druck gegeben worden, verlässt den Leser und die Leserin beim Studium und den sich daraus ergebenden Fragen nie.

Dazu der *Webster's*:

Troy Weight

(The grain, equal to 0.0648 gram, is the same in all three tables)
3.086 grains = 1 carat = 200.00 milligrams
24 grains = 1 pennyweight = 1.5552 grams
20 pennyweights or 480 grains = 1 ounce = 31.1035 grams
12 ounces or 5,760 grains = 1 pound = 373,24 grams

Die Resultate sind in der Summe der *grams* bei *Troy Weight* und *Apothecaries*' *Weight* in Übereinstimmung, obwohl andere Maßeinheiten zur Geltung kommen, hingegen nicht bei *Avoirdupois Weight*, dem erstgenannten der 3 in Klammern angegebenen Übersichtstafeln für Gewichte. Sieht man im *Webster's* unter *foot-pound-sec.ond* nach, kann man verstehen, wie so etwas zustandekommt. Es ist ein ausgeklügeltes Britisch - Amerikanisches System für

Messungen, das wohl schon mit der ersten Edition des *Webster's*, die 1953 in der *Universal Copyright Convention* erarbeitet und abgesegnet wurde, um zur weiteren Anwendung freigegeben zu werden.

Man kann mit Sprachen und ihren verwandten Dialekten die Welt beherrschen, ohne gleich als Eroberer aufzutreten wie *Tamburlaine* und seine Nachfolger. Das beste Beispiel ist *rromani* und assoziierte Dialekte, was wegen der Vermehrung von *Rroma*, *Sinti* und verschiedener anderer Stämme von seiner Bedeutung her geradezu explosiv ist. Dazu: *Guide de conversation rromani de poche*. Der Untertitel ist: te oven baxtale!... o kurko kaj avel BLaBlaBLA – blablaBla – Katar aves? Die Schöpfer des 179 Seiten starken *rromani* Lehrbuchs sind *Mozes Heinschink* und *Daniel Krasa*, die *französische* Version – in Frankreich gibt es sehr viele Rroma - wurde besorgt von *Medo Gurbetovski*, das @ ist bei *Assimil* 2010, ASSIMIL Le don des langue, B.P. 25, 94431 Chennevières sur Marne, (Wort für Wort, Reise Know-How Verlag *Peter Rump GmbH*, Bielefeld). Ein paar Wort-

und Bedeutungsbeispiele, auch von *mos* und *paní*, mögen zeigen, wie die noch junge Schriftsprache des *rromani* mit wenigen Wörtern und Redewendungen auskommt, um sehr komplexe und weitreichende Vorgänge zu beschreiben. Der erste Eindruck, dass es – ähnlich wie im *Dictionnaire Lilliput Larousse a.a.O.* - ein Vokabular ist, das in unserem Kulturkreis zumindest für Stirnrunzeln sorgt, täuscht nicht ganz. So findet man

Mars, den römischen Kriegsgott, der mit *Tridaraj* übersetzt wird und eine Verbindung zu Indiens *Trimurti* schafft, dem Symbol der Allherrschaft. Wenn wir davon ausgehen, dass *Rroma* und *Sinti* in erster Linie christlich oder muslimisch sind, ist die Assoziation mit *Tridaraj* nur scheinbar fremd und mit dem Gedächtnis für immer wiederkehrende Bedeutungen und ihre vielen logischen Zusammenhänge zu erklären. Wir erinnern uns dabei an die

Übersetzungen von *rye*. So wird *Achat*, der *Ankauf*, mit *suti,pen/mos* übersetzt, *aider*, *helfen*, mit *del vast*, wobei *vast* das rromani Wort für *Hand* ist. Das *Kamel* heißt *boutique*, *die Boutique oder das Geschäft* wird mit *bikini* angegeben, was auch eine gewisse Logik in sich birgt, da das *Kamel* einen bedeutenden Mittelpunkt des Lebens von *Nomaden* und *Halbnomaden* darstellt, die *Rroma* und *Sinti* waren und sind, selbst wenn sie sonst einen Mercedes

SEL fahren. Einen ganzen *Tamburlaine* in *rromani de poche* zu übersetzen, wäre wegen seiner Nähe zu der grande Nation Frankreich, wo Roman, Romancier und Romance zum Stammvokabular gehören, unerhört reizvoll. Ähnlichkeiten mit dem Alt- und Mittelenglischen oder *Anglo-Friesischen* sind kaum erkennbar und phonetische Zeichen nicht in allen PC-Programmen aufrufbar. Der Aufbau des Zahlensystems ist dem im *Webster's* nicht unähnlich: alles *Moosachat*, der in den 60igern bis Ende der 80iger in *Indien* groß in Mode war und im Wert von *lacs* exportiert wurde. Ein *lac* sind nach dem *Cassell's Hunderttausend* (*Rupien*), nach dem *rromani de poche ein See* und nach dem *Dictionnaire Lilliput Larousse a.a.O. der See* oder *die Seen*, insgesamt Achat für Achat, Kette für Kette, sodass es am jeweils 1. August eine hübsche *Kettenfeier* hätte geben können, was nach dem *Cassell's*, der nodischen Kombination, keine

Party der *necklaces*, der Spitzenkrägen, gewesen wäre, sondern die Zeremonien zu *St. Peter's chains* oder *Lammas*. Und das, nachdem die Achatmoose einen *Kettenhandel* durchlaufen hatten, der völlig realistisch mit *transaction passing through hands of numerous middlemen* angegeben wird. Für *Moos* hat der *Cassell's* getreu seiner Bestimmung als nordische Kombination nicht nur *moss* im Angebot, sondern auch *peat-bog*, was

Torf heißt, eine in sich bemerkenswert korrekte Übersetzung für trockenes, gut abgelagertes *Moos* oder auch *moss*, das es bis weit in die 80iger Jahre als Ballen gab und als Dünger für Gärten galt. Der guten Ordnung halber schauen wir auch noch in den *Webster's*. Zu *Lammas* weiß er eine Menge mehr. Der Wortstamm kommt aus dem mittelalterlichen Englisch und bedeuten *loaf mass*, *Brotteig* wie Bernd das Brot, wobei ein *loafer* so etwas wie ein *chapels-runner* ist, was Bernd werden kann, aber nicht werden muss. Der 1. August ist auch im *Cassell*'*s* als Festtag angegeben, allerdings nicht explizit als römisch-katholischer, *R.C.* wie der *Cassell's* abkürzt, sondern als eine Art englisches Erntedank. *Moss* ist identisch mit der Bedeutung im *Cassell's*. Es wird auf moorige Gegenden verwiesen. *Peat* ist ein Stück *turf* und *peat - bog* heißt im *Webster*'*s* etwas feiner *peat moss*, ist aber von der Sache her genau das, was im *Cassell's*, der nordischen Kombination, beschrieben wird. Bei *chain* ist besonders ein Eintrag bemerkenswert: a *surveyor's chain* (or Gunter's) (100 links or 66 feet) und an *engineers chain* (100 links or 100 feet). Eine grundsätzliche Erklärung zu *chain* ist, dass sie a *flexible series of joined links* ist. Schließlich klärt uns der *Webster's* auch noch über den *Sanskrit - Hindi - persischen* Sprachhintergrund von *lac* auf, was die Vermutung bestätigt, dass es sich bei den *Achatmoosen* um eine Substanz handelt, die als *lac* bezeichnet werden konnte, über Frankreich zum *laque* wurde und als *lilac* den *Flieder* benamt. Nach dem *Webster's* ist die Bezeichnung für den blauen *Flieder* bei den *Rroma* und *Sinti* zuhause. Er kommt vom *Persischen lilak*. *Syringa* ist der Oberbegriff für Ölbaumgewächse, zu dem der Fliederbaum oder - strauch gehört.

Zurück zum *rromani de poche a.a.O.* Das französische *lac* wird dort mit *dorav* angegeben. Ob es sich dabei um einen See handelt, ist offen, da *do* im *Sanskrit* und auch auf *Hindi* die *2* ist. Es deutet allerdings darauf hin, dass in den Dimensionen *Himmel – Erde* gedacht wird. *1* heißt nach dem *rromani de poche* a.a.O. *jekh* und gibt es im Plural als *jekhe* und *jekha. (f.)*. *Unisex* ist offenbar nicht vorgesehen, aber im *Cassell's,* wo man so etwas gar nicht vermuten würde. Dort wird *jeglicher* Sex mit *of both sexes* und *of either sex* übersetzt. *Jekh* gibt es nicht, aber *Je* (abbr. Jesus). Daraus wird *Jemine*. Auch *jerum* ist eine Abkürzung für Jesus.

Ganz schön jekh!

Gott heißt auf *rromani de-vel*, was an das englische *devil* für Teufel erinnert, jedoch aus dem *Sanskrit* kommt, wo *dev* für *Gott* steht. Der *Teufel* wird in *rromani* mit *beng* übersetzt, was wir uns einigermaßen merken können. Der *Cassell's*, die nordische Kombination, unter Einbeziehung des *schwedischen beng*, bietet für *Bengel* - *beng*-*el* - einen *urchin* und auch einen *unmannerly fellow* an. *Urchin* ist unter anderem ein *Balg*, der zur Reinigung in eine *Balge* gehört, einen *Zuber*, aber doch ins Grübeln stürzt, wenn beherzigt wird, dass im *Cassell's*, der nordischen Kombination, bei *Zuber* auf *firkin* verwiesen wird und unter *fir*-

kin die Erklärung Viertelfaß; Fäßchen *(of butter)* zu finden ist.

Alles in Deutscher Marken-Butter? Es gab Zeiten, als von einem Deutsche Markenbutterberg gesprochen wurde, der irgendwie abgeschmolzen zu sein scheint.

Im *Webster's* ist die Bedeutung von *firkin* ähnlich wie im *Cassell's*, aber transparenter durch die Rückverfolgung des Wortes über *vierdel*, *fourth* und *firdekyn*, worin *deka* oder *deca* verborgen zu sein scheint, das im *Webster's* mit *before a vowel* – vor einem Vokal - erklärt wird. Der *Casell's* nennt zusätzlich zu *Vokal* noch den deutschen Begriff *Selbstlaut* und als sl (Slang) unter *dekko* den Blick, Einblick, den wir uns unter *Deka* gönnen. Dort wird als österreichische Eigenart *Deka* als Abkürzung für Dekagramm genannt (= *10 grammes*). *Vowels* hätten es auch getan. Dann wären wir wieder bei der *Trapp Familie* gelandet und ihrem *do, re, mi* als sounds, die die hills alive of music machen.

Sugar cane?

Im *Webster's* - im Gegensatz zum *Cassell's* - ist *urchin* der Herkunft des Wortes gemäß aus verschiedenen Regionen Frankreichs, wo auch *Rroma* - *ryes* - zuhause waren und sind, hauptsächlich ein *hedgehog*, ein Igel, den es auch als *sea urchin* (class Echinodea) gibt. Frankreichs Igel heißt *Hérisson* und wird im *Dictionnaire Lilliput Larousse a.a.O.*

wie bei Eigennamen mit einem Großbuchstaben begonnen. So steht es auch in der Französischhälfte des Lexikons, wo *hérissé,e* mit struppig, borstig erklärt wird oder auch *sta*rrend (von).
Starrend von was?
Ab in den *Zuber*?

I*gnacio Zuluoga*, der spanische Meistermaler katholischen Glaubens, dem das *Bucerius Kunst Forum* eine Ausstellung widmete, bevor der Meisterfotograf *Henri Cartier-Bresson* folgte, hat Jahre inmitten der *Gitanes* - Zigeuner - gelebt und sie später im Atelier auf Leinwand verewigt. Sogar zum Torero ließ er sich ausbilden. Der Stierkampf war brutale Belustigung für die Dorfjugend. Jedes Wochenende. Statt Kino. Die Fotos im Katalog zu der Ausstellung zeigen Männer, die wie von *Lenin*, dem *Vierteltartaren*, geklont aussehen. Landarbeiter im 20. Jahrhundert. Zur Erinnerung: *Dschinghis Khan* lebte im 5. Jahrhundert unserer Zeitrechnung, *Tamburlaine* im 15. Jahrhundert und *Taras Bulba* im 17. Jahrhundert. Und alle kamen *mindestens* bis zur Iberischen Halbinsel, um von dort aus mit den Expeditionen im Auftrag der Republik *Genua* und der Republik *Venedig* als Seeleute nach Mittel- und Südamerika zu segeln. *Torero Gitanes*, wie die jungen, dreisten Schönlinge der untersten Stufe auf der Karriereleiter zum Matador, in dem Katalog zu der *Zuloaga* Ausstellung *Mythos Spanien* heißen – kamen oft aus dem vom Bürgerkrieg geschüttelten *Mexiko* und anderen mittel- und südamerikanischen Ländern. Sie waren keine wirklichen *Gitanes*, sondern *Indios* oder *Mestizen*, die bei Stierkämpfen mit Wetten Geld machten. *Quicksilver* in Form von Goldstücken wurde verlangt. *Zuloaga* hat die dubiosen Charaktere in einem großformatigen Gemälde überzeugend dargestellt.

Von meinem Blackberry (genus rubus)

Geändert: Do 19.04.2012 18:27
20. Danach
Im Orient treibt man es bunt,
Weshalb ihn Okzen meiden
Vor allem Trauerweiden

Sudokus - Unterdokumente. Halb so richtig, halb so wichtig.

Der Kammerherr ist der Hauptdiener. Waere er das nicht, waere er Salonloewe.

Aus Schwertern Pflugscharen schmieden und aus Jungscharen Truppen.

Eine Unwucht in der Zucht
Braune Masse statt Klasse

Hansa flutet Rostock ohne lichte Momente

Mussorgsky: "Promenade" Krankenflur Krebsstation
"Der Marktplatz von Limoges". Das Schwesternzimmer
"Die Katakomben" - das Aufwachzimmer
"Tanz der Kuecken in ihren Eierschalen" - Metastasen
"Die Huette der Baba Yaga"
Cherno
"Das grosse Tor zu Kiew"
Die gute Nachricht
"Der Gnom"- das Karzinom
"Das alte Schloss" - der OP
"Die Tuilerien"- das Aufwachen DANACH
"Cum lingua mortuis"
Die Erinnerung
"Bydlo" - die Zeit bis zum Resultat der hist. Untersuchung/die hist. Untersuchung
"Schmuyle und Samuel Goldenberg"-
Die Patienten Langer und Mass im Aufwachraum

Auf den Kaemmen des Himalaya virtuos das Lied von der Frankenfreiheit zithern.

Mitlaeufer im Dauerlauf als Zustand

Tibeter gehoeren zu den Voelkern, die gleichzeitig stolz darauf sind, als unbeirrbar, fleissig und lernbegierig zu gelten und fuerchten muessen gerade deshalb nicht zum Ziel zu kommen

Gibt es im Verstaendnis des Dalai Lama eine "Gnade der spaeten Geburt" und war seine Geburt eine "Gnade"? Eine spaete Geburt, eine fruehe?

Wenn jemand ewig ist, d.h. Teil der ewigen Erneuerung und Sterbens, wie relevant ist dann fuer ihn ein Atom?

Der Buddhismus ist wie eine Mitfahrzentrale: ein Maximum an Netzwerk mit dazu gehoerigen "Beiwerk" durch ein Minimum an eigenem Personalaufwand, Logistik, Material.

Von der Grundsaetzlichkeit des Anerkenntnisses eines Freiheitsanspruches ungeachtet sonstiger Unterschiede. Wenn ein freier Mensch einen anderen Freien nicht offen anerkennt, so kann es nur daran liegen, dass einer -oder beide- nicht wirklich frei ist.

?

Das Plakat zur Ausstellung *Mythos Spanien* vom 17.2.-26.5.2024 im *Bucerius Kunst Forum* am Alten Wall in Hamburg: ein Selbstbildnis von *Zuloaga* als *Torero.* Er ist dem Krieger auf dem Cover von *Christopher Marlowe – Complete Plays* ähnlich, was noch deutlicher wird, wenn man ihn auf einem Foto mit einer seiner Cousinen im Teenager Alter sieht. Sie: hoch zu Ross. Er neben dem Pferd, ohne in die Zügel zu greifen: herrischer Stolz. Ich gucke mir als erstes an, wie die Hufe beschlagen sind. *Zuloagas* Vater war Waffenschmied. Seine Spezialität *Damaszener Stahl - Broadswords*.

Das Pferd, auf dem *Zuloagas* Cousine fotografiert wurde, hat einen unschön coupierten Schwanz, ein Modediktat der Kavalleristen um die Jahrhundertwende bis nach dem Ersten Weltkrieg. Womit sollte das Tier sich denn der Fliegen erwehren? Der *Cassell's*, die nordische Kombination, weiß, wie man sich auf Englisch unerwünschter Fliegen erwehren kann. So bietet er außer fly-paper als *Fliegentod*, *fly-killer*, oder Fliegenpilz, *toadstool* (*Amanita muscaria*) an. Als *Fliegenfürst* oder auch *-gott* wird *Beelzebub* genannt, den wir ja schon in der *Bibel* als Bezeichnung für Gott *Baal* der Völker im heutigen Libanon, im heutigen *Iran* und im heutigen *Irak* kennengelernt haben. Schmeiß- oder Stubenfliegen gehörten zum Inventar eines Landes und der Landstraße. Ihre Rückzugs- und Brutgebiete sind vorzugsweise Misthaufen.

Auf dem Cover von *Christopher Marlowe, Complete Plays* - Jacket design by *Ian Ribbons* - ist deutlich zu sehen, dass das Pferd des abgebildeten Kriegers *keinen* coupierten Schwanz, sondern eine wehende Mähne und einen langen Schweif hat.Der Reiter selber führt Pfeile im Köcher mit sich, was der Art von Kampf in Zentralasien gegen Feinde entsprach und in einigen

Gegenden noch immer entspricht. Eine andere Möglichkeit: im *Ringkampf* die Fliegen erledigen, wenn man den Kampf gegen die Belästigung nicht an eine noch schnellere Truppe delegieren kann.

Der Ringkampf und das Bogenschießen hat antike Vorbilder, wie auf griechischen Vasenbildern zu sehen ist und bei *Homer* in der *Ilias* und *Odyssee* nachgelesen werden kann. Man weiß noch immer nicht, wie *Homer* genau einzuordnen ist, aber es hatte sich auch bis zu *Tamburlaine* herumgesprochen, dass man sich den *Homer* erzählen lassen müsste, dann ging zwar nicht alles wie von selbst, aber die Götter könnten verstehen, dass sie Konkurrenz bekommen hatten. Schauen wir zum besseren Verständnis mal wieder in den *Webster's*. Er bewegt sich bei *Homer* in einem gedanklichen Verteiler, der die reine Überlieferung in alle Richtungen ableitet. Der Name *Homer* – wen überrascht es – kommt aus dem Griechischen: *homeros*, *Homeros*, also mit Großbuchstaben am Anfang, und ist im Lateinischen als *Homerus* zu finden. Dann folgt hinter einem Komma *hence blind*. Es könnte sich um eine Zahlung in Form einer Sicherheit handeln, die hinterlegt worden ist, da das nächste Wort *hostage* ist, eine Geisel. *Hence blind* könnte auf den Schöpfer – *epic poet* – of *the Iliad & Odyssey* zutreffen, wobei das Wort *hence*, das im *Webster's* gebraucht wird, auf den Plural von *hen*, die *Henne*, zurückgeführt wird. Erhellenderes dazu finden wir im *Dictionnaire Lilliput Larousse a.a.O.*, wo *hune, f* überraschenderweise nicht für Henne, sondern für für *Mars* steht. Im Zentrum von Paris hat er sein Feld. Ein Schuft, der viel und Böses dabei denkt.

Der Zusammenhang zwischen *hence* und *hostage* stellt sich im *Cassell's* folgendermaßen dar: *eine Geisel stellen* heißt: *give or furnish hostages*. Der *Plural* wird - mit Rücksicht auf österreichisches Deutsch - entweder mit einem *s* oder mit einem *n* gebildet, wobei uns *Geisels* als Plural extrem fremd ist. Es würde in der Schule als dicker Fehler angekreidet. Bei *pledge* ist der *Cassell's* in Übereinstimmung mit dem *Webster's*. Er hat neben *die Bürgschaft*, Sicherheit, Versprechen, *das Kind* - ein Balg? -, aber auch das *Faustpfand* und *die Bürge* außer (der) *Geisel* im Angebot. Man blickt in Untiefen, die sich wahrscheinlich aus den Zeiten erklären, in denen die vorliegenden Nachschlagwerke entstanden sind.

Hat *Homer* seinen *Trojanischen Krieg* als Lehrstück konzipiert, weil es wirklich eine äußerst schwierige Situation für die griechischen Königreiche und Republiken war? Die Situation zu Zeiten der Perser, die von dem *Mazedonier Alexander* bereinigt wurde, war allerdings noch weitaus brenzliger. Oder hat *Homer* das siebente *Troja* in *Kleinasien* als Beispiel genommen, weil *Kleinasien* das Einfallstor für Horden aus dem Inneren Asiens nach Europa und Afrika war? Hat sich *Heinrich Schliemann*, der Pastorensohn aus *Neubukow* in *Mecklenburg* und Schüler des dortigen humanistischen Gymnasiums, an der griechischen Version der *Ilias* orientiert oder dazu die *Bibel* und Teile der Geschichte seiner Heimat wie *Ut mine Festungstid* von *Fritz Reuter* parallel gelesen? Man sollte vorsichtig sein, bevor man ins Schwärmen für *Schliemann* gerät.

Homer dachte in Höhen und Kreisen, *Tamburlaine* dachte in Höhen und Weiten. Bei den russischen *Avantgardisten* des 20. Jahrhunderts, die in Frankreich die Grundzüge der als Avantgarde bekannt gewordenen künstlerischen Darstellung von Wesensähnlichem und Wesensfremden gelernt hatten, hatte sich die Vorstellung in Bild, Wort und Schrift nach russischer Manier erhalten. Die *Suprematisten* wie *Wassilij Kandinsky* gingen gedanklich und künstlerisch ins All. *Sonia Delaunay*, die gebürtige Russin aus dem Gouvernement *Poltawa*, blieb im Gegensatz zu den meisten ihrer russischen Kollegen und Kolleginnen in Frankreich. Sie war Sonne pur. Alle schienen um ihre Kreise kreisen zu müssen, was nicht alle wollten. Auch ihr Mann nicht. Der kopierte sie und wurde damit selber erfolgreich. Die *Kunsthalle Hamburg* hatte dem Künstlerpaar *Sonia* und *Robert Delaunay* vor vielen

Jahren eine Ausstellung gewidmet, die weiterführte. Eines der letzten Bilder war ein Bild im Bild, wie später von *Ilja Kabakov* gezeigt. Man blickte durch Entwicklungsräume der Geschichte.

Siehe *Webster's*:

Supreme heißt dementsprechend *Being God*.

Tamburlaine der erste *Suprematist* und *Homer sein spiritus rector*?

Nach der *ersten Avantgarde* war kein Halten mehr. Ein

prominentes Beispiel: *Sergej Naumov.* Seine Vita: 1961 geboren. Nicht mehr und nicht weniger. Früher fragte ich russische Freundinnen und Freunde, ob sie auch Eltern haben. Irgendwie schienen alle auf mysteriöse Weise vom Himmel gefallen. Die Avantgarde heißt nun *Konzeptionalismus*.

Siehe *Duden* Das Fremdwörterbuch a.a.O.

Konzeptualismus,

Lehre der Scholastik

und

Duden Das Fremdwörterbuch a.a,O.

Scholastik (*gr.-mlat.*)

Die auf die antike Philosophie gestützte, christliche Dogmen verarbeitende Philosophie und Theologie des Mittelalters (etwa 9.-14. Jahrhundert)

Auch:

Engstirnige, dogmatische Schulweisheit, was besonders interessant in Hinblick auf Autodidakten wie *Tamburlaine* einerseits und andererseits in Hinblick auf die Interpretationen von *masse* im *Webster's*. Es ist nicht anzunehmen, dass *Naumov* mit den Bedeutungen vertraut war, als er für sich den *Konzeptionalismus* in Anspruch nahm. Vielmehr dürfte er als Russe an die physische Verarbeitung der Kunst rein durch mentale Kraft im weiteren Sinne des englischen *conceive* gedacht haben. *Conception* wird auch im Zusammenhang mit dem Glauben an die unbefleckte Empfängnis von Maria gebraucht.

Sergej Naumov ist Mitglied der *Internationalen Künstlerföderation* und des *Internationalen Künstlerfonds (IFA)*, Absolvent der *Stroganow-Kunsthochschule*.

Bis 1986, so heißt es, ist keine Teilnahme an Ausstellungen möglich, da seine Werke nicht den Prinzipien des sozialistischen Realismus entsprachen. Bis hierhin wird im Präsens geschrieben. Dann folgt der Imperfekt.

Ab 1986 *ging* es bergauf.

Naumow stellte in Moskauer Galerien aus, so in der *RAMA-ART Gallery Moskau*, in Posen (*Poznan*), im Interart Studio in Budapest, im Palais Fürstenberg in *Paris*, in der Galerie *Zum Schwan* und auch die Mercer Island Gallery in *Seattle, USA.*

Naumovs Aktivitätennachweis ist umfangreich und illuster. Sie ist in meinem Dokumentenordner. 1996 nahm sich seiner die Bank *Gryphon*, Moskau an. Das Thema der Ausstellung: LANDSCAPES, CHIMERAS, MASKS

(Landschaften, Chimären, Masken). Danach interessierten sich andere Banken für ihn.

Konzeptionalistische chapels oder Pan-Bursa?

Mit dem Thema „Landscapes, Chimeras - Masks - Landschaften, Chimären, Masken" war *Naumov* 1996 auch in Berlin im *Russischen Haus* an der Friedrichstraße, wo ich ihn kennenlernte. Ich nehme an, dass er es war, da er – so lese ich jetzt gerade – 1996 Gemeinschaftsausstellungen mit *M. Wergasow* und

R. Jussopow hatte. Der Mann, der mit mir in Kontakt trat, war ein großer, ernster Vertreter der Kultur im *Russischen Haus*, der kein Wort Deutsch, kein Wort Englisch oder Französisch sprach oder sprechen wollte, aber sich sehr gut auf Russisch erklären konnte, was ich nur durch Betrachten der Bilder verstand. Das Konzept hatte zunächst mal gegriffen. Ich kaufte ein Bild, das Landschaft, Chimäre und Maske vereint. Was der rote Teil bedeutet, was der satt grüne, was der Stacheldraht aus vielen vielen Kreuzen bedeutet, was der schwarze Hintergrund schließlich bedeutet, aus dem eine schwarze Maske mit pupillenlosen schwarzen Augen und mit spitzen Ohren herausschaut, lässt sich vielfältig interpretieren. Es gibt auf mehreren seiner Bilder solche schwarzen, wimpernlosen Augen und spitzen Ohren. Das Ganze hat *Ku-Klux-Klan* Charakter. Der Körper – besser: ein Körper –, der in die grüne

Fläche hineinragt, erinnert an eine Kalaschnikow. Der Künstler selber hat eine Formel gefunden, die mehrere Horizonte hat: *Die Bösen und die Hübschen*. Er hat sich damit eindeutig von der Simplizität eines PR-Multiplikators wie *Die Schöne und das Biest* oder *Belle de Jour* distanziert und eine neue Tiefe angezeigt, wonach nicht immer die Hübschen die Bösen sind und die Bösen auch nicht immer hübsch. *Hübsch*, nicht *schön*. *Naumov* übertreibt nicht. Das wäre *Suprematismus*. Nicht *Helena* ist der casus belli, sondern die stets unerfüllte Begierde. Die Prinzipien seiner Kunst fasst *Naumov* so zusammen, dass man meinen könnte, er habe zusammen mit den großen Spaniern gelernt. Ein Gemälde zeigt eine Chimäre/Maske in spanischer Hoftracht. Es würde in die Galerie der *Königin Sofia* passen, die auch ein paar Bilder von *Ignacio Zuloaga* beherbergt.

Der Text von *Naumovs* künstlerischem Testament könnte aus dem Katalog zu der Ausstellung *Mythos Spanien – Ignacio Zuloaga* stammen, den das *Bucerius Kunst Forum Hamburg* 2024 anlässlich der Ausstellungen in München und Hamburg zusammen mit der *Kunsthalle München* auflegte (Deutscher Kunst Verlag, herausgegeben von Roger Diederen, Nerina Santorius und Carlos Alonso Pérez-Fajardo.

Zitatanfang:

1. Der Zuschauer betrachtet das Werk, das Werk betrachtet den Zuschauer

2. Das Interesse für die archaische Periode des Werdegangs der Kunst

3. Das Werk wird von vornherein für das Museum geschaffen

4. Die Kunst ist nicht etwas Banales, Alltägliches. Die Reise als ästhetisches Prinzip

5. Die Kunst ist für Ausgewählte, nicht für jedermann.

Zitatende:

Vasallen, Epigonen, Neuentdecker? Wer ist *Avantgarde*, wer *Suprematist*, wer *Konzeptualist*?

Machte sich *Tamburlaine*, *Tamerlane*, *Timur lenk* - auch *Timur leng* - Gedanken über seine Vasallen?

Vasallen sind wie freie Radikale, ist *Tamburlaines* Einschätzung. Die Sonne ist und bleibt er. *Timur* als *Ikarus* im Astronautenanzug war wie der verwundbare *Achill* bei *Homer*, als er - rasend vor Wut über den Tod seines besten Freundes

Patroklos – um die Mauern Trojas herumjagde, um seinen Intimfeind *Hector* zu erlegen, der *Patroklos* getötet hatte. Man meint, *Tamburlaine* zu erleben, als er den Tod seiner Frau, der ägyptischen Prinzessin, beklagt und Rache schwört, obwohl ersichtlich ist, dass sie nicht ein schmucker Krieger, sondern der Sensenmann geholt hatte. Sie war an einem schlimmen Fieber erkrankt, das nicht durch die besten *Ärzte* und

Alchemisten des Reiches geheilt werden konnte. *Tamburlaine* lässt aufsatteln und rüstet sich gegen ein *Skelett*, das mächtiger ist als *Hector* und *Achill* es je zusammen waren. Hat er nie an die *Pest*, den schwarzen Tod, gedacht, der die Bevölkerung des ganzen Erdballs dezimierte?

Siehe *DuMont Atlas der Weltgeschichte a.a.O:*

Unter *Biologische Veränderungen* ist zu lesen, dass zur Zeit von *Tamburlaine* im *Nordosten Chinas* die Pest ausbrach und 90% der Bevölkerung dahingerafft haben soll. 1346 hatte sie *Kaffa* am *Schwarzen Meer* erreicht. Von dort führte ihre tödliche Spur nach Süd*westasien*, *Ägypten* und *Nordafrika*. Drei weitere Jahre benötigte der schwarze Tod, um auch Nordeuropa zu erreichen. Man nimmt an, dass zwei Drittel der europäischen Bevölkerung *dieser ersten* Pestwelle zum Opfer fielen. Es handelte sich um die *Beulen*pest, die von Ratten übertragen wurde, dem Nager, dessen König aus einem an den Schwänzen zusammengeklebten Wust junger Ratten in einem Rattennest besteht. *Rattenkönig* kennt der *Cassell's*, die nordische Kombination, als *a perfect maze*. *Maze* ist nach dem *Cassell's* das Labyrinth oder auch der Irrgarten. Der *Webster's* ist damit weitgehend in Übereinstimmun, macht aber zwischen der *brown* (Norway) *rat* (*Rattus norvegicus*) und der *black rat* (*Rattus rattus*).

Es bleibt auch nicht unerwähnt – da ist der *Webster's* wiederum in Übereinstimmung mit dem *Cassell's*, dass *Ratten* ein Synonym für *Betrüger* sind.

Im *Kalkutta* der 60iger Jahre gab es Ratten, die so groß waren wie Biber und Menschen auf offener Straße anfielen. Derlei Schreckensnachrichten wurden sogar in den englischsprachigen Zeitungen verbreitet.

Botches ohne *chapels.*

Deuce.

Lucifer.

Tamburlaine the Greate, Teil II.

Wie Prolog und Epilog in einem nehmen sich die Hinweise auf die Herausgeber des vorliegenden Dramas aus:

London, Printed by E.A., for Ed. White, and are to be sold at his shop neere the little North doore of Saint Paules Church at the Signe of the Gun.

1 6 0 6

Der Verteiler ist wie bei *Tamburlaine I* weltweit mit Ausnahme der Sowjetunion,

Chinas, des Iran und einiger weniger anderer Pole. Zwei Jahre zuvor, *1 6 0 4*, war das Drama über den Alchimisten *Doctor Faustus* entstanden. *Marlowes Doctor Faustus* und *Tamburlaine* – hätten einiges in ihrer schwarzen Küche zusammengemixt haben können, um dem Ungemach zu begegnen, das für den sich als Gott empfindenden Herrscher aus der Heimat des Hephaistos – des Vulcanus – aufzog. Doch Fehlanzeige. Entweder war

Marlowe die Puste bei *Doctor Faustus* ausgegangen, um wissenschaftliche Hybris gegen Feldherrn Hybris antreten zu lassen oder die Umstände hatten eine andere Dramaturgie erfordert, wo *Doctor Faustus* als leitender Armeearzt keinen Platz hatte. *Tamburlaine* musste sich selber helfen. Sein *Größenwahn* strebt dem Zenith zu. Der Kreis scheint sich für den Dramaturgen und seinen Protagonisten zu schließen. Die Mitte ist nun *Samarkand*, der Geburtsort von *Tamburlaine*, den er besingt, was in Übereinstimmung mit anderen Quellen ist, selbst wenn die Schreibweise differiert.

Siehe *Webster's*:

Samarkand… capital as *MARACANDA* of *Tamerlane's* empire.

Warum nicht *S-A-MARACANDA*?

Sollte der *Webster's* die verkürzte Schreibweise von Samarkand für andere Mitteilungen genutzt haben?

Manfred Lurker: *Lexikon der Götter und Dämonen* weiß allerdings von *Mara* als dem *altindischen* Wort für Tod und Vernichtung zu berichten. Er wird in der äußeren Erscheinung als König mit hundert Armen beschrieben wie *Durga*, die Schutzgöttin von Kalkutta - Calcutta - Kolkata, eines der ehemaligen Zentren von *Tamburlaines* Truppen aus *Afghanistan* und benachbarten Gegenden. *Tamburlaine*, der meinte, für sich nichts ungeplant gelassen zu haben, hatte sich zu Lebzeiten in *Samarkand* ein prächtiges Mausoleum bauen lassen, das heute *UNESCO Weltkulturerbe* ist. *1405* bezog er es als toter Mann. So prächtig das Mausoleum von *Timur Lenk* ist, das kleinere *Mausoleum* von *König Maussolos* in *Helikarnassos*, gehört zu den antiken *sieben Weltwundern* gehört. Nach dem *Cassell's*, der nordischen Kombination, ist ein *Weltwunder* etwas schwammig ein *wonder of the world* oder ein *prodigy*, das mit dem Genetiv *of* – von -

gebildet wird und an das *Wunder von Bern erinnert*, dem ersten Fußball Weltmeistertitel nach dem verlorenen Zweiten Weltkrieg, aber auch an *Protégé*, was nicht erklärt werden muss. Im Zweifelsfall ist der Schiedsrichter schuld. Der *Webster's* unterstützt diese Interpretation bei *prodigy*. World Wonder kennt er nicht, aber unter *world* ist eine Erklärung, die dem *Cassell's*, der nordischen Kombination, auf die Spur kommt: die sprachliche Herkunft ist über *man* unter *Werewolf* zu suchen, was so viel wie *strong man* heißt.